発達障がいのわが子が笑顔で自律する育て方

特性とともにしあわせになる55のヒント

著
西川裕子
西川幹之佑

時事通信社

はじめに①――はちゃめちゃな息子がプレゼントしてくれた楽しい人生

2022年4月、帝京大学法学部政治学科に進学した息子・幹之佑の入学式が、日本武道館でおこなわれました。武道館は、息子の誕生直後に千代田区に越してきた自宅からもほど近く、毎年様々な大学の入学式の風景を18年間見てきました。残念ながらコロナ禍のため親は出席することはできませんでしたが、見慣れたはずの一面の桜色に、例えようのない様々な思いが胸にこみあげます。

思い起こすのは、息子が2歳の頃のことです。何度手をつなごうとしてもほどかれ、すごい勢いで走り出そうとするため、いつ車に轢かれるかと危なくて仕方ありません。冷や汗をかきながら捕まえると、嫌がって叫び、歩道にひっくり返ったまま一時間でも動こうとしません。周りの人の冷たい視線がするどいガラスのように私たち親子に突き刺さるように感じました。

どうしてママを困らせてばかりいるの。そんなにママのことが嫌いなの？　ママは幹之佑のことが大好きなのに、どうして伝わらないの？

人目もはばからずに涙をぽろぽろ流す私にも、まったく関心のない様子の息子。そんな私たち母子の横を、晴れがましい表情で楽しそうにおしゃべりしながら通り過ぎていくたくさんの新入生の親子。つらい。悲しい。寂しい。

まるで世界中から私たち親子だけに光が当たらず、深くて何も見えない沼の底に取り残されているような気持ち。桜が咲き誇る美しい景色のはずなのに、私の目に映るのはモノクロの世界でした。

息子の幹之佑は、複数の発達障がいの特性があります。長年息子をみてくださる神田「あいクリニック」の西松能子先生からは「IQ120程度。得意・不得意の差が大きい。注意欠陥多動性障がい（ADHD）。アスペルガー症候群（ASD）の傾向も。興味関心がたくさんあり、気が散りやすく、自己没頭すると周りが目に入らない」と診断を受けています。

小さな頃はとにかく多動で大変でした。インターの幼稚園では「うちでは預かれない」と言われて一日で退園しました。小2まで過ごした支援級では、気に食わないことがあるとすぐに教室を飛び出し、先生方を困らせました。小3からは本人の強い希望で通常級に移りましたが、すぐに壁にぶつかります。学習障がいのため漢字の書き取りが苦手で、テストで点がとれないと大暴れ。不器用さが目立ち、協調性もなく、自分の興味のあることを一方的に話すため、周囲に馴染めず、トラブルまみれの毎日を送る日々でした。

息子の口から初めて「死にたい」という言葉を聞いたのも、まだあどけなさが残る小3のときでした。私は計り知れないショックを受け、ひどく取り乱したことを昨日のことのように覚えています。

そんな息子が大学生となり、桜の景色の中で、少し照れたような笑顔を浮かべています。もう、急に車道に飛び出すことはないでしょう。「死」を口にすることもなさそうです。かつては無理やりつないでいた手ですが、どうやらもう完全に放すときが来たのだと、私は直感しました。入学式に一人向かう息子の背中を見送ると、鮮やかな千代田の桜は私をねぎらってくれるかのように揺れていました。

＊＊＊

申し遅れました。私は幹之佑の母、西川裕子と申します。この本は、発達障がいに苦しんだ息子と、母の私、そして家族が、発達障がいとうまく付き合うための工夫を重ね、人生に色を取り戻し、穏やかで幸せな毎日を送るようになるまでの「旅路」を記すものです。

と言っても、私は発達障がいの専門家でもありませんし、教育者でもありません。現在は専業主婦で何の肩書もなく、あえて言うならば、幹之佑という一人の子どもを育て上げた「息子の専門家」といったところです（現在は小学生の「娘の専門家」でもあります）。

そんな私が、なぜ本の執筆という大それたことに挑戦しているかと言いますと、２０２２年2月に刊行された『死にたかった発達障がい児の僕が自己変革できた理由ー麹町中学校で工藤勇一先生から学んだこと』（時事通信社）という息子の著書がユニークだと評判を呼び、今度は親の私に「子育ての経験を書いてみないか」とお誘いいただいたからです。

息子の本は、当時はまだ現在ほど有名ではなかった麹町中学校の工藤勇一先生から学んだことを生かし、少しずつ「死にたい」という気持ちを手放していくまでを綴ったものです。自分と同じような境遇で苦しんでいる子どもたちの役に立ちたいと考えた息子が、自身の失敗やトラブルも包み隠さずに明かしています。発達障がいの当事者が感じていることや内面がよく分かる内容で、親としても「こんなこと考えていたのか」と驚かされることもたくさんありました。

出版社さんからは、息子がここまで冷静に自分の内面を見つめられるようになった子育ての秘訣を、親の視点から書いてほしいと言われています。

息子が小さかった頃にくらべますと、現在は専門家による詳しい育児書や当事者の書かれたHOW TO本がたくさんあります。どれも非常に素晴らしく、役立つ内容ばかりで、今さら専門家でもない私が書いた本など不要ではないかと悩みました。けれど、編集の大久保さんから「幹之佑さんの本では、ご家族や工藤先生をはじめとした教育関係者、医師など、たくさんの方からサポートがあったことが分かりました。20歳の今の息子さんが笑顔になれる環境を整えたのはご両親です。その実体験を書いた本は、必ず誰かの役に立ちます」と言われて、覚悟を決めてお引き受けすることにしました。

＊＊＊

息子が本を出したいと言い出したのは大学入学前の半年前、高校3年生の夏でした。当時息子は、英国の帝京ロンドン学園に留学していましたが、2年生の3月に一時帰国後、コロナ禍で英国に戻れなくなり、オンライン授業の日々を送っていました。研修旅行やスポーツデーなど、学校生活のメインイベントもすべて中止。度々挑戦していた英検2級にもなかなか合格できず、やり場のないエネルギーを抱えて、書店に英検の参考書を探しにいき、様々な思いが爆発したようです。

なぜ、参考書は定型発達の子ども向けになっているのか。感覚過敏のある子でも見やすい色の紙やフォントがあるのになぜ使わないのか。発達障がいの子ども向けのドリルを探そうとしても、学習参考書ではなく教育書のコーナーにあって、これでは当事者は自分で探せない。そもそも本をつくり分ける必要があるという前提が間違っている。障がいのあるなしに関係なく、誰もが読みやすい本をつくるべきだ。

「そんなことより、大学受験の時期ですが。単語一つでよいから覚えて……。もしもし？　分かってますか？」と内心頭を抱えましたが、一晩で企画書をつくり、私に手直しを頼んできた真剣さを見ると、ぐっとその言葉を飲み込み、私は息子の決意を応援することにしました。

紆余曲折あり、本の内容は英語のドリルではなく、本人の経験を伝える内容となりましたが、自分と同じような境遇で苦しむ子どもの役に立ちたいという息子の目標は達成することができました。

小さい頃から、トラブルだらけの一方で、知的好奇心が強く、自分の好きな分野となると、教えずとも本や新聞を読み出し、時には猪突猛進な行動力を発揮する息子。あまりにも規格外の子どもを授かって、私の人生は突然世界ランキングレベルのジェットコースターに乗せられたかのような日々に変わりました。今では自律を身につけて落ち着いた息子との日々は、ちょっと刺激がなくて寂しいかもとセンチメンタルな気分になりかけていたところに舞い込んできたのが、本書の執筆です。やはり息子は、期待通りに私を振り回してくれます。

でも、私たち家族にとって、はちゃめちゃな息子の特性があればこそ生まれた素晴らしい出会いもたくさんありました。本書には数々の素晴らしい専門家やプロフェッショナルの方々のお名前を出させてもらっていますが、すべて息子がつないでくれたご縁です。

失敗もたくさん繰り返し、涙したことも多々ありますが、今振り返ると、そんな日からも数多くの学びを得て、生きる意義を考え、自らの人生を豊かにすることにつながったような気がします。

そんなふうに私を楽しませてくれた息子に敬意をあらわし、本書では「発達障がい」という言葉を使わずに、「特性のある子」「難しい子」といった言葉を使います。私自身が20年間の子育ての日々の中で、息子に対してできる限り使うようにし、何より周りの人からも息子に対して使ってほしかった言葉だからです。

息子が『死にたかった発達障がい児の僕が自己変革できた理由』を世に出した理由と同じように、今も日本のどこかで頑張っている私に、必死に子どもの手を握りしめているもう一人の私に寄り添えるよう、心をこめて書いたつもりです。読んでくださる皆さまのお役に立つことができたら、これほど嬉しいことはありません。

西川　裕子

はじめに②——生きづらかった僕を笑顔にしてくれた母への感謝

若い特攻隊員の皆さんが死を覚悟したとき、お母さんのことを皆思うんだ。

２０１０年の夏休み、当時７歳の僕は母（僕はふだん「おふくろ」と呼んでいるので、この本では以降おふくろと書きます）と二人で鹿児島県を訪れました。

宇宙開発の世界に目覚めた僕は、尊敬する糸川英夫博士の足跡を辿るべく、内之浦宇宙空間観測所を訪れ、ＪＡＸＡの前身であるＮＡＳＤＡが日本国内で初めて打ち上げに成功した衛星おおすみについて学び、町内にある伝説の定食店「ニューロケット」（１９８４年まではバー・ロケット）で憧れのロケットランチを注文するという夢のような旅行を体験します。

日程の後半、特攻隊といったら知覧ではなく鹿屋だと言い張るおふくろの提案で海上自衛隊鹿屋航空基地内にある博物館を訪れます。

知覧は陸軍の特攻基地でしたので、当然ですが、海軍が運用していた零式艦上戦闘機ではなく一式戦闘機「隼」や四式戦闘機「疾風」が使われました。一方で海軍の基地だった鹿屋では「零戦《れいせん》五二型」が主に特攻に使われたほか、直掩機等で精鋭部隊との評価が高い第三四三航空隊所属の局地戦闘機「紫電改」が一時期は配備されたこともありました（なお、同部隊所属でエースパイロットとして名高かった杉田庄一が戦死した場所でもあります）。

館外に展示されている世界で唯一現存する二式大型飛行艇「二式大艇」を見学後、復元された零戦五二型が展示される博物館内で、特攻隊員の方々の遺書を一つひとつ眺めながら、僕は隣のおふくろを見ました。おふくろは涙腺崩壊で、鼻は真っ赤。嗚咽を漏らさないように必死な様子でバッグからハンカチを出そうとごそごそしています。

僕を見て「国のためになってほしいとは思うけれど、幹之佑にはどんなにみっともなくても生きていてほしいからね。生きて世の中のためになる子になってね。特攻隊員のお母さんたちだって、本音はママと同じはず。自分よりも子どもが先に死んで心から喜ぶ親なんていないから。今は色々大変だけど、幸せになりなさい」。

あれから12年。僕は20歳です。

特攻隊員として散っていった多くの若い兵士の皆さんと同世代です。

鹿屋にいた頃の僕は、発達障がいが理由で支援級に在籍していました。希望して小3から通常級に移動させてもらいましたが、学校という場に上手く馴染めなくて、悪戦苦闘の日々を過ごしました。

その後、東京都千代田区にある麹町中学校に進学を決めたことで、大胆な教育で今はとても有名になられた工藤勇一先生と運命的に出会い、僕の人生は一変します。校長だった工藤先生が教育目標として掲げる「自律」という言葉に出会い、少しずつ人生を前進させることができるようになったのです。

高校はイギリスにある帝京ロンドン学園に留学し、帝京大学法学部政治学科に入学。19歳で、「超問題児」だった僕が今現在のようによき学生生活を過ごせるようになるまでの過程を記した本を出版するという、貴重な経験もできました。

本を通して気持ちが伝わったのか、たくさんの方に応援していただけて、ほんの少しですが「自分と同じように困っている人のために役立ちたい」という人生の最上位目標に近づけている実感がもてました。

初めて親友と心から呼べる友達ができて、2年生になってから大学の近くで一人暮らしも始めました。部屋は相変わらず散らかっているし、授業についていくのも大変ですが、大学生活は毎日とても充実していて、人生で一番楽しいと心から感じることができています。

僕が今、こうして毎日笑顔でいられるのは、おふくろ、あなたのおかげです。

色々と変な人だし、おっちょこちょいだし、何度説明しても偵察機と戦闘機の違いも分からないし、この年になっても大喜びすると抱きついてくるのは困るのでやめてほしいけど、でも、どんなときもおふくろが一番の味方でいてくれたことに感謝しています。僕が特攻隊員だったら、死ぬときは迷わず「おふくろ」と呼ぶはずです。

僕の笑顔はおふくろから教えてもらったものだからです。

この本は僕が大学に入学するまで、おふくろがどう僕に接してきたか、家族で失敗しながら、気付いたり工夫したり、どんなことに気をつけてきたかをおふくろがメインとなって、一部は父（おやじと呼んでます）の言葉でご紹介します。おふくろの文章の後には、僕もコメントをしています（僕のコメントはテーマから外れることもあるけど、「自由な子」ということで、許してもらえるとありがたいです）。

僕が一冊目では書ききれなかったことをおふくろに取り上げてもらうように頼み、家族で相談しながらつくりました。

僕のような特性で困っている方や、ご家族の役に立てたら最高に嬉しいです。

西川　幹之佑

もくじ

PART 1 特性のあるわが子への接し方

PART 2 学校生活で親ができる工夫

PART 3 学校がつらいときのサポート

PART 4

逆境の乗り越え方

227

ブックデザイン　大崎奏矢

PART
1

特性のあるわが子への接し方

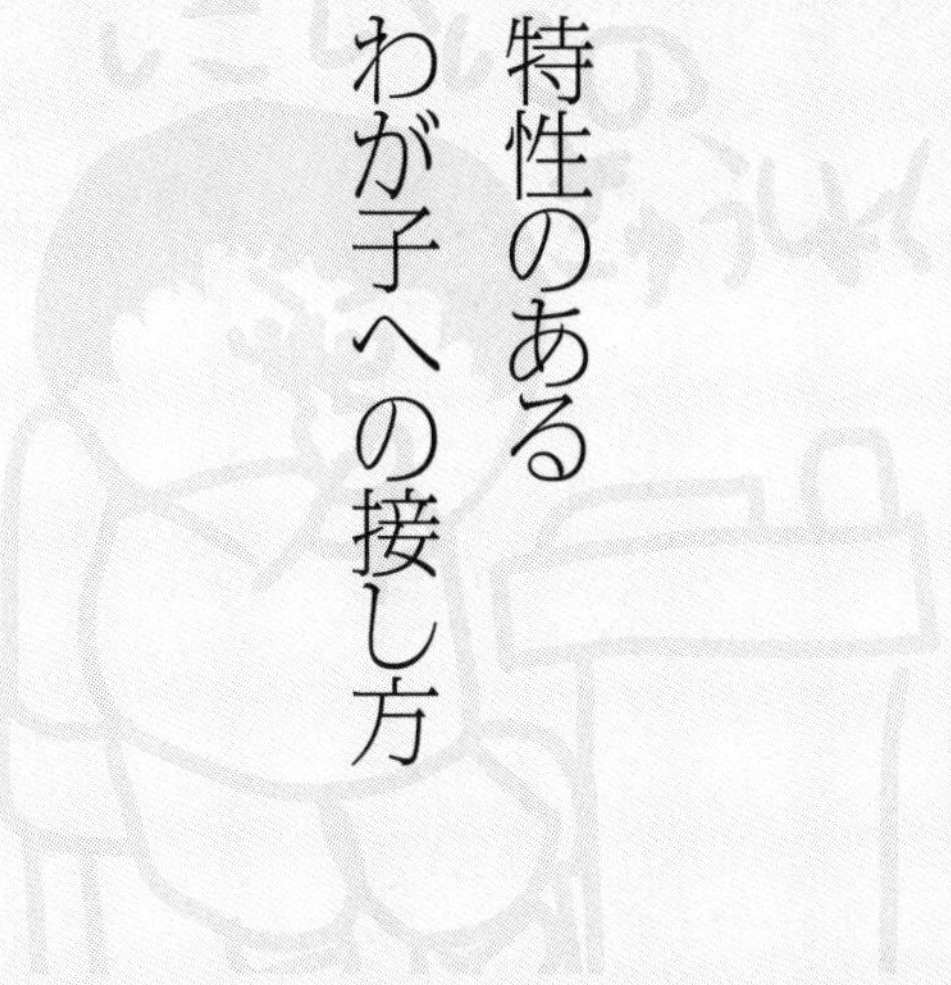

発達障害の子どもの育児に関しては、今ではたくさんの専門書があり、どれもとても役に立つものばかりです。一方で、それらの専門書に書かれている、圧倒的なボリュームかつきめ細やかな支援方法を見て、「ここまではできない」「体がいくつあっても足りない」と感じた人もいるのではないでしょうか。かつて、たくさんの専門書を読み漁った私もそんな一人です。そこで本書の最初のパートでは、そのようなきめ細やかな支援よりももっと手前の段階で、私たちが心掛けた子どもへの接し方を、親子で振り返ってみたいと思います。初歩的ではあるものの、実際に特性のある子どもの育児を経験しないと分からないポイントだと思うので、現在進行形で悩んでいる方、これから子育てをされる方の参考になることがあれば嬉しいです。

ヒント1

「告知」は自律の一歩

こだわるべきは「診断名」ではなく本人の「特性」

ありがたいことに、息子が本を出してから、親子ともども講演に呼んでいただいたり、取材をしていただいたりする機会も増えました。その際、「いつ告知を受けました？　幹之佑さんはどう感じましたか？」という質問をよく受けます。

息子はあっけらかんとした感じで「支援級に入学した頃には自分は他の人とはちょっと違うんだと何となく分かっていました。母から聞いたときもそうなんだ、くらいで別にどうとも思いませんでした」と笑顔で言うので、質問された方が驚くのですが、親の私も幹之佑に告知することには迷いも戸惑いもありませんでした。

息子が小さい頃は診断名がコロコロ変わりました。病院での発達検査は半年後の予約しか入れられなかったので民間の療育施設で検査を受けたこともあります。そこでは「知的に問題のある重度の自閉症」と言われました。

発達障がいの診断にはリトマス試験紙のような検査方法はありません。脳波で分かるという医師もいるそうですが、「きちんとした診断を行うには、丁寧な問診と診察、発達検査などが必要となる。より正確を期するのであれば、数回にわたって診察を行い、状態を見極める必要がある」（『発達障がいグレーゾーン その正しい理解と克服法』岡田尊司／SB新書）とされています。なので、息子に診断を出した民間の療育施設は一度の検査でどうやって判断したのだろうかとも思います。

その後も息子が保育園時代にお世話になった逓信病院で「知的に問題のない広汎性発達障がい」、かかりつけ医としてお世話になっているあいクリニックでは「ADHDにASD（アスペルガー）の傾向あり」と成長につれて変わりました。私は、これらの診断名はあくまで息子の一つの側面であり、今後も変わるかもしれないし、変わらないかもしれないけれど、それが息子のすべてではないと思うようにしていました。特に心掛けたいと思っていたのは、「この子はADHDだから」「ASDだから」と診断名を通して子どもを見ることで、本人の個性や特性を見失わないようにすることでした。

そういうこともあって、私は本人に特性を告知することには何のためらいもなかったのでした。確か息子が小3くらいのある日、あいクリニックの待合室に置かれていた『新しい発達と障害を考える本 もっと知りたい！ADHDのおともだち』（監修・内山登紀夫、編・伊藤久美／ミネルヴァ書房）という本を私が読んでいて、幹之佑が「その本何？」と聞いてきたので、「幹之佑のことを勉強したくて読んでいるの。幹之佑だけでなく、ママとおじいちゃまもたぶん同じだね」と言ったところ、「ふーん、そうなんだ」と答え、とくに傷ついた様子もショックもなく、現在まで至ります。「ママとおじいちゃまもたぶん同じだね」というのは、後程また述べますが、私の実家の親族には多動性の傾向の強い人がたくさんいたのです。

今になって振り返ってみると、息子が自分の特性を自然な形で受け入れられたことで、その後の多くの出会いや経験を呼び込み、「自律」を身に付ける一助になったのではないかとも感じます。

幹之佑VOICE　「変人」であることは僕の誇り！

おふくろから自分の特性について話があったことはよく覚えていますが、だからといって落ち込むこともありませんでした。というのも、自分が周りとは違うことはよく分かっていましたし、そもそも祖父母、両親、親類など父方も母方も僕の周りの人はみんなどう考えても特性の傾向がある変な人ばかりで、変人であることを隠しもしないし、むしろ長所として生かしている人ばかりなのです。ですから、自分も当然そうだろうなくらいの認識でした。偉人など僕の大好きな人も変人ばかりなので仲間になれて嬉しいです。

ヒント
2

子どもへの告知が怖い方へお伝えしたいこと

そもそも特性は悪いもの?

告知について、「子どもを傷つけそうでできないのですが、どうするべきですか」と保護者の方に相談を受けることもよくあります。

お子さんの特性の診断を受けたときに、ご自身が大きなショックを受けたから、同じようにお子さんも傷つくのではないかと心配されているのではないでしょうか。

そのお気持ちはとてもよく分かります。かく言う私自身も、「この子は普通の子とはかなり違うな」とは自覚がありながらも、実際に初めて診断名がついたときは、例えようのないくらい大きなショックと悲しみ、怒りなどがごちゃ混ぜになった複雑な感情が沸き上がった親の一人でした。

余命宣告を受けたことはありませんが、今後もし受けたとしても、このときよりもショックは受けないだろうと思えるくらいの深い深い悲しみでした。

なぜなら、あの頃の私は、周りが息子に診断名をつけて区別しようとすることに非常に反感をもっており、レッテルを貼られることで息子が幸せになる未来は永遠にやってこない、夢も希望もすべてが断たれた、と受け止めたからです。

けれども、たかだか診断名の一つくらいであんなに絶望する必要なんてなかったと心から思います。タイムマシンに乗って過去に戻れるなら、あの頃の自分を抱きしめて、「絶望する必要なんてない。子育てのゴールに向かう道は一つじゃないと分かっただけ。障がいがあるとかないかとか、普通じゃないとかそんなことが問題なんかじゃない。『子どもが笑顔で自律する』というゴールさえ私たち家族が見失わなければ何も恐れることなんてない」、そう伝えてあげたいです。

特性が悪いことだという意識を保護者がもっている限り、告知をしてもしなくても、子どもは傷つくと思います。特性は子どものすべてではありません。特性も何もかも含めたもの、それがその子そのものなのですから、告知を大げさに考える必要はないというのが、私の持論です。

息子もそうですが、現代の子どもたちはスマホなどで私たち親世代よりも圧倒的なスピードと量の情報に日々ふれています。ましてや特性により人一倍敏感で、好奇心も強く、日常の困り感の多い子どもが、テレビやネットで「発達障がい」というワードを目にして、疑問をもたないなんて考えられません。

もし、「子どもが自分で困っていると自分で言いださないから、本人は特性があるなんて気付いてないはず」とお考えの保護者の方がいらっしゃったら、知っているけれど言えないという状況を心配されたほうがよいと思います。それは、「特性が悪いことだと思っているから、特性のある自分を親は受け入れられないだろうな」と、子どもが親の心情を察しているという可能性のほうが高いように思われます。

私たちの経験を踏まえても、本人が早く特性を認識すれば、親子で対策をたくさん立てることができて効果的です。本人も自分の行動や考え方の傾向の知識があれば、悩み過ぎることも減ります。お互いより率直に話せますし、医師や親、先生とも、本人も交えてもっと深い話もできるようになります。自分から配慮を言い出せますし、息子の場合、自分だけで診察を受け、カウンセリングも受けられるようにもなりました。

冒頭の保護者の方の質問へ戻りますと、「告知は悪いことではない」というのが私の回答となります。子どもに当事者意識をもたせ、自律の一歩になるのです。それが、子どもにとっての生き抜く知識や武器になっていくはずです。

特性は誰にでもあるのでは？

そもそも論になるのですが、私は発達障がいは濃淡の問題だけで、すべての人に何かしら傾向があるという気がしてなりません。もちろん、私は専門家ではありませんし、これから述べることは個人の実感にすぎないことは承知した上で申し上げます。

一般的な発達障がいの図は、次頁図1のように線で区切られているものばかりです。しかし、この図では特性の濃淡が表現されていません。特性についてより正確に図示するならば、図2のようにグラデーションで区切るべきではないかと考えます。

定形発達でも、ＡＤＨＤのように目移りが激しい気質をもつ方、あるいはＡＳＤのように空気を読むのが苦手な方もいらっしゃいます。逆に言えば、図２の真っ白な部分に分布する人の割合は非常に少ないのではないでしょうか。

「息子はこういう特性で困っている」とお話すると、「誰にでもあるよ」「自分もそのくらいあるよ」という方もいます。つまり、自分はもっと薄いグレー、白に近いグレーのところに位置しているとお感じになっているのです。

日本の障がい観の問題点の一つは、障がい者とそれ以外という二分する見方にあると言われているそうです。「それ」と「それ以外」という見方をやめれば、差別は生まれないはずです。誰もが生きやすい社会をつくるために、特性のある当事者やその保護者の方には、この「グラデーション観」を身に付けて、私たち親子と一緒に広めていただけたらとても嬉しく思います。

図1

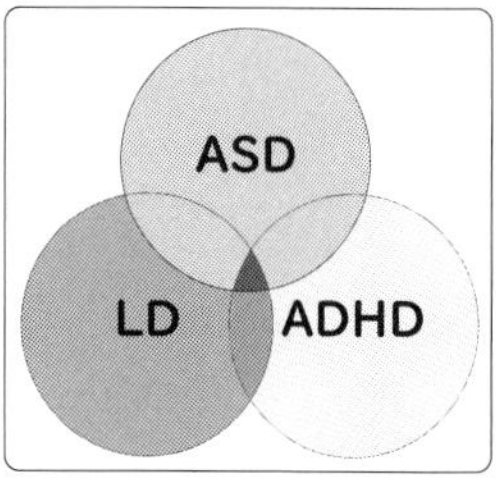

図2

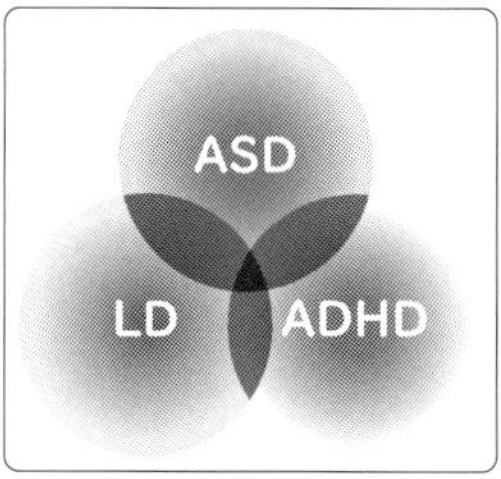

幹之佑VOICE　真実を明らかにする大切さ

僕から言えることは、何も知らないまま放置するよりも、事実を知り、そのことを隠さないことが何より重要だと思います。１９７４年に発生した「トルコ航空ＤＣ-１０墜落事故」では、同事故の２年前に発生した「アメリカン航空96便貨物ドア破損事故」（死傷者なし）の原因となった貨物ドアの欠陥を製造元であるマクドネル・ダグラスが放置したことで、日本人48名を含む346名が死亡する大惨事となりました。のちにマクドネル・ダグラスはボーイング社に吸収されましたが、2018年から翌年にかけて発生した2件の737MAX墜落事故で原因となった操縦特性向上システム（MACS）が誤作動する欠陥を見逃したことで、トルコ航空の事故と同じ人数がこれらの事故で死亡しました。事実をあきらかにすることはとても勇気の必要な行為ですが、ぜひ僕たち自身が早く対策を打てるように伝える勇気を保護者の皆さんにはもってほしいです。

ヒント3

療育は早ければ早いほどよい？

療育が大嫌いだった息子

息子よりも年下の世代のお子さんと保護者の方は、発達障がいについての認知度も高いせいか、育児中に少しでも特性の傾向があると感じられた場合、できるだけ早く診断を受け、早期から療育をはじめたいと希望されることが増えているそうです。中には1歳になる前から診断を求める保護者もいるという記事を新聞で読み、私たちの世代とは意識がずいぶん変わったことに驚きます。

息子が小さい頃は、医師が診断を確定することに対して非常に慎重であったため、重度でない場合は、医師が診断を下すというよりは、まずは経過観察をすすめ、その後、必要と感じた保護者が申し出てから診断名をつけるという流れが主流であり、わが子もこうした流れで診断を受けました。

療育についてよく言われるのは、療育の効果があらわれるのは、はじめた年齢の倍の時間をかける必要があり、スタートが早ければ早いほどよい、特性に気付くのが遅くなればそれだけ時間がかかる、というものです。

3歳で療育をはじめたら倍の6歳に、6歳ではじめたら12歳。

息子の場合、保育園のすすめで発達支援センターの療育に通うようになったのが5歳の頃です。決して遅くはなかったとは思うのですが、後から「療育は早ければ早いほうがよい」という考え方を知って、「どうしよう、もっと早くからしてあげられれば問題行動が減ったかもしれないのに。もう間に合わない、頑張ってもダメだ」としばしば落ち込んだものです。

現在息子が20歳になって振り返ると、早くから診断が受けられずに、大人になってから特性があると診断を受けた場合は、もう間に合わないのかといえば、そんなことは決してなく、気付いた時点からできることもたくさんあるように感じます。

実際、息子は「なぜやるのか、いつまで続くのかが分からない」という理由で療育が大嫌いで、決して身を入れてトレーニングしていたようには思えませんでした（詳しくは、息子の著書を読んでいただければと思います)。息子が大きく変わったのは、それよりも後、麹町中学校で恩人の工藤勇一先生に出会い「自律」という考え方を学んでからのことです。人は変わろうと思ったときに成長できるのだと思います。

気付かなかった自分を責めないでほしい

早ければ早いほうがよいというのは、早く気付けた保護者や当事者の後押しになる言葉にはなりえても、決して後から気付いた当事者や保護者を責める言葉になってはいけないと思います。息子は自分のペースで成長できましたし、あのときもっと早くはじめたらより成長できたかもという後悔はありません。「最速」を目指すのではなく、自分にとっての「最適」を見つけること。それが、より遠くまでいくコツではないでしょうか。早ければ早いにこしたことはないけれど、自分を責める言葉にはしないでいただきたいと、経験者として切に願います。

旧約聖書「伝道者の書」の3章1節に「天の下では、何事にも定まった時期があり、すべての営みには時がある」という言葉があります。後悔をするよりも、気付いたときが一番よいときなのだと、今を受け止め、前を向く気持ちに変えることこそが、事態をよい方向に運ぶ秘訣だと感じています。

ヒント
4

療育の選び方

幹之佑VOICE　納得できる療育機関を選んでほしい

僕の経験から言えることは、療育は可能な限り早い時期からはじめ、回数を重ねることが重要であると感じています。とはいえ、嫌いなことを続けるのは誰だって苦痛なはずです。ADHDの飽きっぽい特性やASDのように見通しがたたないと不安になる特性を考慮しながら、いつまで続けるものなのか、ゴールを分かりやすくして、そのことを親ではなく受ける側の僕たちにきちんと伝えてほしいです。療育の効果は重ねた回数と比例するので、本人が納得できる形で続けることができるような療育機関を選ぶこと。包括的な関係の構築があわせて必要であると思います。

療育について「今からじゃ遅いくらいです」とか「早ければ早いほどいいです」という言葉は、ときには特性で困っている子どもやその保護者の不安を煽り、発達障がいビジネスをすすめるための殺し文句としても便利な言葉ではないかと穿った見方をしてしまうのは、私の性格が悪いのでしょうか。

ここまでの書きぶりから、私たち親子は早期療育に疑問をもっているかのようですが、そうではありません。息子は療育が嫌いでしたが、私にとっては当時八方ふさがりの中で自治体からの助成で幼児から療育プログラムを受けられたことは非常にありがたいことでしたし、手を差し伸べていただけたご恩は一生忘れてはいけないと息子にも度々話しています。

何より、親の私が療育を通じて学んだ方法や子どもへの接し方は、その後の子育てでとても役立ちました。小学校入学後も私的な療育施設を探し、継続して療育プログラムを受けたことで息子に学校や家庭以外の第三の場ができたことは非常によい影響がありました。

ただ、現在は乱立と言ってもよいくらい、特別支援教育に様々な企業が参入している状況のため、目先の売り文句だけでなく、中身をよく吟味する必要があると感じます。私もいくつか心当たりがありますが、わが子のために何とかしてあげたいという藁をもつかみたい、いじらしいまでの必死な気持ちを、甘い言葉で期待をもたせる業者も増えている気がします。

療育選びの5つのポイント

ですから、療育プログラムを選ぶ際には、本当に子どものためになるものを、冷静に選ばなくてはいけません。そのために、経験者として5つのポイントを申し上げます。

①ゴールを決める：療育は完璧を求めずに、最低限の凹をカバーできればよし、と親が覚悟をしましょう。できないわが子を責めるのは、子どもを傷つけるだけで無意味です。どこまでやったら目的達成として切り上げるか、特性のあるわが子にふさわしいゴールを決める必要があります。

②無理しない：特性のある子は長距離走を覚悟する必要があります。闇雲にはじめると、途中で息切れしかねません。無理なく続けられるような場所、料金のプログラムを選んだほうがよいと思います。最初に設定した時期よりも長く通いたくなる可能性もあらかじめ予測しておくとよいと思います。

③複数を比較して選ぶ：療育プログラムの費用はピンキリです。海外のメソッド、特殊な資格を所持しているなど、他にないものを提供している施設ほど魅力的に感じられます。また、高ければ高いほど効果がありそうにも思えてしまいます。しかし、高い＝質が高い、大手＝安心という思い込みは一度外して、冷静にプログラムを見てみてください。また、逆に安いから、近いからこれでいいやという選び方もよくないと思います。選ぶときは、必ずいくつかの施設をまわり、地域で受けられる平均的なレベルの療育プログラムはどのくらいか、平均的な料金を知った上で、ここがわが子に合いそう、というものを選ぶことがよいと思います。

④専門家の質を吟味する：ひどいところでは療育が受けられるとうたいながら、講習を受けたこともな

いアルバイトのスタッフを対応させるだけの施設もあるそうなので気を付けられるとよいと思います。

⑤ 中身よりも人で選ぶ：どんなにすばらしいプログラムでも子どもとの相性がよくなければ効果は出ません。子どもも保護者もどちらも信頼ができる先生、通うのが楽しみと思える先生となら、より効果が高まります。

「この人から学びたい」と思って初めてスタートできる

この中でも私が特に大切にしたことは⑤でした。この選び方は、その後も習い事や塾選びなどにも長く使った基準でした。

私は、療育機関に通うメリットは、わが子に合ったプログラムを受け、特性と付き合う方法を見つけていくことだけではないと考えます。何よりも大切なのは、通うことによって、子どもの世界を広げること、人間関係の幅を広げることができることです。これだけは家の中で、親子で過ごすだけでは学ぶことができないことであり、療育機関の一番の利点だと思うのです。

そのためには、まずは支援員の方と信頼関係を築く必要があります。どんなに素晴らしいプログラムを提供していても、この人から学びたいと子どもが思わない限りは、スタート地点に立てないからです。

息子は小4くらいから、主にソーシャルスキルトレーニングのために神楽坂にある星槎教育研究所で週に一回個別指導に通っていました。中学卒業時までの長い間、高田美香先生にお世話になっていましたが、子どもたちに寄り添うあたたかな空気にいつもあふれており、学びの場という以上に息子のよい息抜きの場所になっていたと思います。療育施設とは、親以外に自分を受け入れてくれる人、困ったときに相談できる大人と出会える場所であり、人間関係づくりの第一歩を学ぶ大切な場所だと思います。

幹之佑VOICE　自分の話をしてくれる先生が好きだった

習い事や家庭教師の先生、療育施設で長く続いた先生は、僕と無駄話をどれだけしてくれたかという点に尽きます。特に僕が学びたい、頑張りたいと思える先生は、僕の話を聞いてくれるだけでなくご自分の話もたくさん聞かせてくれました。先生が何を好きか、何を考えているか、困っていることとか、普段どんな生活をしているか、僕に心を開いてくれていると分かると、僕ももっとうまく伝えられるようになろうと思うようになりました。ただ仕事として接するだけの先生は少し話をするとすぐ分かります。僕たち特性のある子どもたちは本能的に本質を見抜く目をもって生まれています。僕たちを尊重する気のない先生の話は聞こうとは思えませんでした。

ヒント 5

発達検査の結果は子どもの一部にすぎない

「数値」よりも「バランス」が大事

発達検査をどこで、どの先生にしていただくかで、結果もずいぶん異なったこと、その結果をもとに行政や学校との話し合いがなされ、就学や支援の方向が決まること、その後も通院や様々な面で長い長いお付き合いになるため、検査を受ける施設やクリニック選びはとても重要だとつくづく思いました。

息子の場合、当時主流だったＷＩＳＣ‐Ⅲや、逓信病院の臨床発達心理士である柿沼美紀先生が開発に携わられた「ＴＯＭ　心の理論課題検査」などの発達検査を成長に応じて数回受けました。小学校の高学年の頃に受けたⅢが最後で、その後は受けていません。現在のＷＩＳＣ‐ⅣにくらべるとⅢの検査は長時間になるため、本人の精神的な負担が大きいこと、数回受けた検査で息子の得意と苦手の傾向が把握できていることが大きな理由です。

検査の結果やＷＩＳＣの数値に一喜一憂する保護者の方もいらっしゃるようですが、私は前述した通り、検査結果はあくまで参考程度に見ることをおすすめします。各々の数値を上げるよりも、バランスのほうが大切であり、苦手なところ、得意なところを把握し、日常や学校生活でのサポートにつなげ、生かせるように結果を利用したほうが、保護者としても精神衛生上よかったです。

学校の模試と同じで、結果はあくまでその子の一部分を切り取ったものであり、すべてではありません。特性のある子どもほど、体調やその日の感情などは大きく揺れ動きますし、実際、息子はその日のコンディション次第で下位部分の数値が特に大きく左右しましたので、母としておおらかに受け止めるくらいの気持ちでいるようにしていました。

ですから、私自身は発達検査の結果や見方については、あまり詳しくありません。ネットなどに検査の見方が色々出ており、最初は気になって調べたこともあったのですが、親ができるサポートとは息子の分析ではなく、気持ちや生活面のサポートであること、ヒント1で述べたように目の前の息子にしっかり目を向けることのほうが本人の支えになると分かってからは、踏み込み過ぎないように心掛けました。

気になる凹の部分は、得意な凸の部分と絡めて伸ばす

もう一つ、結果や数値にとらわれ過ぎるのはよくないと考えるようになった理由があります。特性のある子どもには、得意不得意の差が大きいものの、ある分野において凸の部分が突出していることもあります。人によっては、「ギフテッド」とも呼ばれる要素です。

発達検査を受けたところ、息子にもそうした一面が見受けられました。ところが、親として悪い意味で期待し、プレッシャーをかけてしまったことで、息子を不安定な状態にしてしまったことがあり、自戒しなくてはいけないと思うようになりました。

「はじめに」でも書きましたが、西松先生の診断では息子のＩＱは１２０でした。ＩＱの平均は１００とされているので、平均以上ということになります。西松先生には「幹之佑くんはＡＤＨＤの特性で落ち着きがないのですが、本来のポテンシャルはもっと高いはず」という説明も受けました。

そのためなのかは分かりませんが、息子は不器用な反面、難解で大人びた言葉遣いを好み、ときには非常に生意気なことを言います。すると周囲は大人同等の精神年齢だと受け止めがちですが、精神年齢的には年相応の子どもより幼い部分も多く、「賢いのに幼い」という一面が息子にはありました。

息子の場合ですが、「賢いけど幼い」というのは、絶え間なく思考を続ける一方で、視野が非常に狭いことで、判断基準が凝り固まってしまい、物事の見方が偏るところにつながりがちでした。

具体的に言えば、息子は本やニュース、ネット、分厚い専門書などから知識を得ることに非常に長けていましたが、人生経験が少ないので発言や行動が幼稚でアンバランスだったのです。

高度な専門知識を口にするのに、我慢ができない、待つことができない、譲ることができない。これによりトラブルを招き、ますます自己肯定感を下げてしまうという悪循環に陥っていました。

このままでは凸の部分でも自信を失いかねないと考えた私たち夫婦は、息子が様々なことを体験すること、いろんなものを見聞きして、様々な感情を味わうことができるように、時間の使い方を工夫するようにしました。

心掛けたのは、息子の好きなもの、興味があることにからめることです。

例えば、見聞を広げて、かつ我慢や待つことができないという幼さをカバーするための方法として編み出したのが、息子が好きな分野の映画を観にいくというものです。座席は出口から一番近く、いつでも出られるような位置を選び、夫と私の間に息子を座らせます。最初の頃は、映画がはじまる前の予告の部分で飽きたり、怖い映像で気持ちが落ち着かなくなったりしたため、まずは席だけ確保をして夫のみ待機、私と息子がドアの外で待機して映画がはじまりそうになったらすぐに移動して座るようにしていました（「ドルビー」などのロゴが出るタイミングが着席の合図でした）。

渋谷や新宿などの混んでいる映画館はご迷惑になるので、あちこち下調べをしてすいているところや、普段から子連れの観客が多い映画館を選ぶなど、事前の調査もしました。映画館は急に暗くなったり、音が大きかったり、またストーリーによっては不安になったりと、感覚過敏のある息子には刺激が大きく、苦手になりやすいため、「怖くなったら耳をふさいでよいよ」「目を閉じていようね、それでも我慢できなかったら出よう」などとあらかじめ約束をしておくことで、安心できたようです。

他にも、人ごみに慣れさせるために、あえて夕方の混みあう時間に合わせて電車に乗り、山手線の第二中里踏切を見にいくなど、大好きな鉄道のためなら頑張れる息子の性格を利用して、経験値をあげる工夫を重ねました。

このようにして、少しずつですが、長時間じっと座る、長時間おしゃべりを我慢して静かにするという経験を積み上げ、親として子どもの苦手な部分をカバーするように心掛けました。

本やニュース、ネットなどで知識を溜め込むことは決して悪くないことです。しかし、そうした情報はあくまで他人を介したものであり、二次情報に過ぎません。特性のある子どもほど、自分の体験や経験に基づいて得た一次情報があって初めて、そうした二次情報を自分なりに解釈し、自分や他者のためにも活用できるようになるような気がします。

親の私が言うのも何ですが、今も息子は時々やたらと難しい専門知識を並べ立てることがありますが、明るくフラットなもの言いで、何だかにくめない愛されキャラに育ったと思います。

子どもの健全な自己肯定感を育てるために、親もバランス感覚が求められるのかもしれません。

幹之佑VOICE 「名探偵コナン」で安全保障に見覚めた

2013年に公開された『劇場版　名探偵コナン　絶海の探偵』は、僕が初めて劇場で観た「名探偵コナン」の映画でした。この作品では海上自衛隊が制作に協力しており、安全保障分野はあらゆる分野に融合するという考えをもつきっかけになりました。本人の好きなものに関連することから映画などで世界や視野を広げることは効果的だと思います。

ヒント 6

言葉が増えないわが子にしたこと

マニアックな言葉ばかり増えていった幼児期

息子が他のお子さんとくらべて、ちょっと違うな、と思うようになった一番のきっかけは言葉が増えないということでした。

実は私は息子の多動についてはそこまで心配していませんでした。なぜなら私の実家は、一族郎党と言ってもよいくらい、誰もが幼少期に多動傾向が見られたからです。私の育った環境では子どもが落ち着きなく大騒ぎするというのは通常運転であり、自分の育ち方を振り返っても、特に療育や治療をせずとも成長につれて落ち着くから心配ない、という認識だったのです（本当はこの認識は正しくないのかもしれませんが）。

けれども言葉が増えないことには、さすがの私も変だと感じていました。

男の子って言葉が遅いものだよ、とか、うちも悩んでいたけど5歳を過ぎたら急にしゃべりはじめたよといった周囲の言葉を信じたい部分がありつつも、親との接触よりも本に没頭していたり、電車や物にしか興味のない姿を前にしたりすると、不安がこみ上げます。

育児書などを読むと、言葉の習得はよくコップの水に例えられます。コップに入れた水があふれるように、身体に言葉がしみ込んだとき、初めて言葉が外にあふれ出す、というものです。

息子の場合、コップに親の私が一生懸命水を入れようと頑張っても、コップそのものが予想外の動きをする上に、そもそもコップの入り口がごくごく狭く、水を入れさせてくれないのです。多動のために耳から言葉をインプットする機会が圧倒的に少ない上、そもそも人物より物体に興味が強い傾向にありました。

多動を後回しで言葉を増やそうとしていた私の戦略は、完全に失敗していました。保育園入園前までは、逃げる息子を必死になって捕まえて無理やり言葉を言わせようとしては失敗するといったことを繰り返し、お互い疲れ果てるばかり。息子にも気の毒なことをしていたと反省しています。

その後、年少組の終盤に区立保育園に入ってからは、少しずつ言葉も増えていきましたが、同じ年齢のお子さんとの差は大きく、言いたいことが言えないもどかしさから起こる問題行動で園でもトラブル続きでした。

当時も何とかしたいと、育児書などに書いてあることは何でも試しました。しかし、絵本の読み聞かせをしようとしても、興味のない内容ならすぐ飽きてどこかへいってしまいますし、スーパーで野菜を見せながら言葉を教えようとしても逃げてしまいます。増えるのは電車やロケットなどのマニアックな専門用語ばかり。その中でも、YouTubeでいつのまにか検索して見ていた古い十津川警部シリーズのドラマの、毒殺された被害者がダイイングメッセージとして話す「く、下りのグリーン車のおとこ……がぁ～」バタッという演技つきのセリフが妙にお気に入りで、息子の言葉の芽は増えないまま、親である私たちのほうが子どもに引っ張られて昭和のドラマやドキュメンタリーというマニアックな世界に足を踏み入れていきました。

もっと同年齢の子どもと盛り上がれるような複雑な会話に進めるきっかけがほしい。小学校に上がる前に何とかしないといけない。私は思い悩み、八方ふさがりな状況に陥っていました。

小児科の先生のアドバイスは「アンパンマン」と「ドラえもん」

そんな私にアドバイスをしてくださったのは、逓信病院の小児科の（現在は元小児科部長）の小野正恵先生でした。当時5歳の息子の様子を見ながら、「アンパンマンとか、ドラえもんとか、普通のアニメを見せていますか？」とおっしゃったのです。

区の検診などでアンパンマンのビデオが流れていたものの、本人が興味を示さなかったこともあり、家では積極的に見せたことはありませんでした。

小野先生は「日本で育つ同年代のお子さんが当然のように通過するものに触れさせてあげてください。今からでは遅いとか、決して赤ちゃんっぽいなんて思わずに、今この瞬間から育てなおすつもりで見せてあげてくださいね」とおっしゃられました。

帰宅してすぐにアンパンマンの、それも、ソーシャルスキルが身に付く効果も期待して教育系のＤＶＤを大量に購入しました（高いので一部中古を利用しました）。

家のテレビで見ようとしても、元々興味のある内容ではないので流してもちらりと見るくらい。どうしたらしっかり見てくれるかなと悩んで、車に乗っているときに見せればよいのだと思いつきました。車内なら、目移りしません。最初は渋々といった息子も、そのうち「水戸黄門」的なワンパターンな流れ（比喩が古すぎるでしょうか……）が逆に新鮮に感じられたようで、おもしろそうに見るようになりました。

ばいきんまんの言葉遣いはあまりよくないので、真似してほしくなかったのですが、日本の平均的な子どもたちの言葉遣いを考えればそこまで神経質になる必要もないですし、見ていくうちに、同じ年齢の子どもたちと同じくらいには、アンパンマンの世界や名セリフ、キャラクターの名前が出てくるようになりました。さらに、それぞれのキャラクターの性格について、好きなものや嫌いなものについて話せるようにもなっていきました。特に効果があったと感じたのは、ストーリーを追って見ることができ、感想が言えるようになったことです。

そこからは「ドラえもん」「サザエさん」「名探偵コナン」「ルパン三世」と広がり、映画館にも足を運ぶようになりました。私の両親も、「日本昔話」のＤＶＤをプレゼントしてくれたことで、日本で育つ子どもの共通語といえるマンガや昔話という土台が息子の中にもでき上がったと感じる頃には、言葉のつながりも自然になっていきました。

特性のある子ども、特にＡＳＤの特性の子どもは言葉の選び方や使い方が周りから見て自然であるかどうかというよりも、本人がこだわる独特の言葉遣いを選びがちですし、行動も周りに合わせることが非常に苦手です。けれども、小野先生からのアドバイスに沿って国民的アニメに触れることで、息子の場合は療育に通うよりも効果的に言葉の使い方や振る舞い方を学ぶことができました。

特性によっては、暴力的な描写や乱暴な言葉遣いに恐怖を感じたり、主人公がピンチの場面に不安になったりするお子さんもいらっしゃると思うので、この方法が万能であるとはいえませんが、親のほうで見せるものを選ぶなどして少しでも触れさせ、経験をつくってあげることも大切だと思います。

家族で共感する時間も増える

私たち家族の場合は、アニメを見るときは、子どもだけに見せるのではなく、極力親も一緒に見ることにしていました。これによって親子で共感する体験につながりましたし、そこから話しを深め、会話を続ける練習にもなりました。この話が好きだとか、このキャラクターは苦手だとか、自分以外の家族の考え方を知るきっかけにもなるので、他者への興味をもつことが苦手なお子さんの保護者には、3歳からでも、6歳からでも、10歳からでも年齢関係なく、ぜひ一度試していただければと思います。

振り返ってみると、ばいきんまんのような子ども向けの悪役の言葉遣いがあたえる悪影響よりも、「ばいきんまんを許さない」と言いながらもアンパンマンが存在を認めているところや、ルパンは警察にも追われるような泥棒だけれど愛すべきアニメキャラとして描かれているなど、作品を見て多様な考え方や世界に触れる利点のほうがはるかに勝ります。息子は、ASDの特性で、正しいか正しくないかという尺度で白黒つけたがる傾向があったのですが、少し柔軟にしてくれたのではないかと思います。

また、テレビやDVDばかりを見せると、子育てで手を抜いているようで罪悪感を覚える親御さんもよくいらっしゃいます。しかし、私の経験からすれば、視力が落ちるなどの健康面で問題がなければ、メリットのほうがはるかに多いので、気にする必要はまったくないと思います。第一、子どものことを第一に考た結果の実践は超建設的なアクションであって、手抜きのはずがありません。

幹之佑VOICE　訂正です！

「下りのグリーン車の男」のセリフ、よく覚えています。そこで今回、改めて僕が何を見ていたのか調べてみました。西村京太郎原作、1989年4月18日放映のドラマ「南紀白浜振り子電車殺人事件」。小説で「ふたりのグリーン車の男」をドラマ用に変えたセリフのようです。

ヒント7

息子への「接し方」を変えたら見つかった「魔法の言葉」

「ほめて育てる」ができなくて悩む

育児書も時代によって流行や傾向がある気がしているのですが、最近は叱るのではなくほめて育てるものが増えたと思います。この考えに私も大賛成です。

けれども、特性のあるお子さんを育てる保護者の方に質問です。「ほめて育てる」はうまくできていらっしゃいますか？

定形発達のお子さんならば、日常で「ほめて育てる」シーンもそれなりにあるのかもしれませんが、特性のあるわが息子はとにかく不器用。どうしてそこでそうしちゃうの？　と聞きたくなるくらい、私の我慢の限界のバーを軽々と飛び越えて、叱りたくなることを平気でしてしまいます。

叱る言葉を言い換えることを推奨する本がたくさんあります。また、療育などでも声掛けが大切だと言われます。そうした情報を参考に一生懸命取り組んでいるのに、なぜだか息子に試そうとしてもうまくいかない。

特に息子の場合、小3で「死にたい」と言い出すようになってからというもの、私は一生懸命、本人のよいところを見つけてほめるようにしていました。でも、「そういう言い方されるとなんかイライラしてくる」と拒絶の態度をされてしまうことも多く、長年悩んできました。

いつもにこやか、穏やかで声掛けがびっくりするくらい上手なお母さまが時々いらっしゃいます。いいなぁと憧れて、本を読んで自分なりに工夫しましたが、私にはどうしても無理でした。

キャラは変えられません。潔く諦めることにして、下手は下手なりにどうすればよいかを考えることにしました。そして、悩んでも仕方ない、攻略対象に直接聞いてみようと思い立ったのです。

そこで息子に言われた言葉で目が覚めました。

「無理してほめようとしていることが分かると、逆にバカにされた気持ちになる」「ほめようと待ち構えているのがバレバレで、自分はそんなまでしないとほめるところがないのか、ふざけんなと思える」「言葉じゃないんだよ」

そもそも、どうして私が「ほめて育てる」をしたかったのかというと、自己肯定感をあげてあげたいから、息子の気持ちをもっと理解して寄り添ってあげたいからでした。

この目的をはっきりさせることで、声掛けの仕方や内容よりも、まずは信頼関係が大切だということが見えてきました。「この人にほめられたい」と思っていなければ、どんな言葉も響きません。無理してほめようと頑張る必要はないのです。

「探した言葉」よりも「素直な言葉」が大事

息子が喜ぶことは、子ども扱いしないこと、好きなことに共感をすること、悪いことがあったときはそっとしてあげること。意識したのは、接し方を変えることでした。

そして、飾り立てた言葉を使わなくなった私はある日、大発見をします。

夫、息子、下の娘が私に言われて嬉しそうにする言葉を。家族だけでなく、周りの人に言うと喜んでくれる言葉。私も言われたら嬉しい言葉。

それは「ありがとう」と「大好きだよ」というシンプルな言葉でした。

頑張って、言葉を探してほめる必要なんてなかったのです。この2つの言葉をふとしたときに、ただまっすぐに伝えるだけでよかったのです。

この言葉のすごいところは、相手への期待が一切ない言葉だということです。相手が怒っていても、泣いていても、嬉しいときでも、自分に何かしてくれなくても、何かに頑張っていなくても、不完全でも、言う立場の私自身もどんなにダメ人間でも、あなたが大切だと伝えることができる魔法の言葉。

この魔法の言葉を子どもたちの身体の隅々にまでしみ込ませたい。私がこの世の生を全うする日が来るまでに、子どもたちの身体からも、この2つの魔法の言葉があふれてきますようにと、願いながら言うようにしています。

声掛けの前に接し方を整えること、“I'm OK. You're OK.”あなたを認めるよ、という2つの魔法の言葉。参考になりましたら嬉しいです。

幹之佑VOICE　大人の本音を聞けると安心できた

おふくろは怒ると怖いですが、言葉一つひとつにいつも愛情を感じます。おやじには悪いですが、そこがおやじとの大きな違いだといつも思っていました。無理してほめる必要はないです。僕が何を考えているか親が知りたいと思うのと同じように、大人が何を考えているか、子どもも知りたいのです。表面的な言葉は無意味です。

ヒント8 解決策の提示よりも共感することが大事

子どもの望みを叶えられなくて落ち込む親

以前、娘が夫にこんなことを言いました。

「この前、お友達と遊びにいったとき、歩いている間に、すごく大きなおうちがたくさんあって、私もこんなおうちに住みたいなあって思った」

　夫は娘の話を聞くと、インターネットでその話に出てきたエリアの不動産情報や相場を調べはじめたのです。そして「う〜ん、さすがにこのあたりの一戸建ては高すぎる。悪いことでもしないと買えないなあ」と言いました。

　子どもがほしがるもの、いいなあと言うものを、親は叶えてあげなくてはいけないように思いやすいです。しかし、すべてが叶えられるわけではないので、子どもの望みに沿えない場合、「そんなによいものじゃない」と下げたり、「欲張りは恥ずかしいことだ」と子どもを諭したり、逆に叶えられない自分はダメな親だと罪悪感をもったりしてしまいます。

　夫の例を挙げましたが、私も、子どもの言うことはすべて叶えてあげたい、解決してあげたいと思ってきました。

　息子から、勉強や学校、クラスメイトに対する愚痴を聞くと、動揺したり、解決策を提案したり、自分の至らなさに自信をなくしたりしていました。どうにか力になりたいと、様々な検査や療育を探したり、本やネットで調べた子どもの困り感を解決する手段を試したり、教材やグッズを購入したり、とありとあらゆることをしてきました。

　悩んでいる子どもを力強くリードできる親が、よい親だと思っていたからです。しかし、親が解決してあげられることのほうが少なく、私自身が無力感に襲われて、息子の愚痴を聞くのがイヤになっていた時期もありました。

子どもは共感してほしくて話している

しかし、時を重ねると、子どもは親に何かしてほしいから話すわけではないということが、少しずつ理解できるようになりました。

息子はただ、話を聞いてほしい、自分がそのときにどう感じたか、どう思ったのかをそのまま受け止めて聞いてほしかっただけで忠告や説教など無用なのだと分かってきたのです。

黙って人の話を聞くのは、特にネガティブな愚痴を聞くのは、労力やエネルギーを使う行為で、かんたんなことではありません。特性のある子どもは、話の筋が通らなかったりすることもあるのでなおさら大変です。息子の場合は、幼い頃から四六時中、自分が話したいことだけを一方的に、ときにはお手洗いまで追いかけてきて話をしてくるので、正面から向き合うと親のこちらがヘトヘトになります。正直、苦行と言ってもよいくらいです。

ですが、話している本人はとても満足そう。

「黙れと言うのは死ねというのと同じです」という言葉が息子の座右の銘らしいです。息子は今も話しはじめるとスイッチが入りっぱなしになることがありますが、今後も聞いてあげることが親からの一番のご褒美なのでしょう。頑張ります。

娘の話を真に受けた夫に私は言いました。

娘はパパに家を買ってほしくて話したわけじゃないと思うよ。素敵なおうちがあったよ、とパパに教えたかっただけ。だから、叶えようとする必要もないし、娘がほしがる気持ちを否定する必要もない。一緒にいいねえ、こんなおうちに住んでみたいね、と共感してあげるだけでいいんじゃない？

その後、夫に素敵な家に憧れる気持ちを共感してもらった娘は、工作で自分の理想の家をつくるようになりました。親が子どもの言葉に共感し、一緒に同じ方向を向いてあげるだけで、子どもは自分で解決策を探すことができるようになるものなのだと実感しました。娘の工作を見て、もしかしたら将来は世界的に活躍するインテリア・コーディネーターになれるかもと楽しみにしています。

幹之佑VOICE　ものごとを「順番通り」に進めてほしい

僕のように、特性により強いこだわりがある場合は、共感の先に、自分の考える解決法で解決したいという気持ちが強いです。ですから、親が先回りして解決されるとすごく気持ち悪いと思ってしまい、ときには「メルトダウン」を起こすのです。ある程度年齢が上がり、話し合うことが可能になったら、問題点が存在する場合には、何が問題なのかを本人から聞き、その上で解決策を協議する段取りが極めて重要になるのです。つまり、この順序が曖昧な状態の中での問題解決は本人が納得できないものなので意味がないのです。

ヒント9

「子どもに楽をさせるとダメになる」は正しくない

反抗する息子にイライラ

自戒をこめて書きますが、大人というものは、とかく子どもに対して「大人になったときにそんなんじゃ困るよ」「そのくらい我慢できなくてどうする」「甘えだよ。疲れているのはみんな同じ」などと言いがちです。特に、特性のあるわが子に対しては、可愛さや期待、不安などの気持ちが入り混じり、強い言葉を使ってしまうこともあります。

息子は小さな頃から、大人がつい言ってしまう、上から一方的に押し付けるような言葉にとても敏感で、よく反発をしていました。反発をされると、思わず私もむっとしてしまい、さらに言葉でやりこめようとします。

一度パワーゲームに入ってしまうと、結局何のために話したのかすら分からなくなり、息子には何も伝わらず、互いに嫌な気分だけが残ることも多々ありました。親という立場を利用して子どもをやりこめると、なぜかやりこめたはずの私自身の後味が悪く、何とも言えない罪悪感のような気持ちを感じたものです。

なぜ、こんなふうに感じるのだろう。

ずっと心にひっかかっているものの正体。それは、子どものときに大人から同じように言われて傷ついた記憶なのでした。

私が子どもだった昭和時代、あるいは平成時代でも、学校という場で子どもの意見が尊重されることは少なかったと感じます。同じような印象を抱いている方は、少なくないのではないでしょうか。子どもには厳しく管理することが必要で、我慢させることが教育で、そのほうがよい子に育つと信じられる傾向があったように思います。

そんな教育は正しくなかったと頭では理解しながらも、我慢を美徳とする価値観を自分自身がもち続けていたのです。「ゆとり世代」とも言われる甥や姪の小学校の教科書のあまりの薄さにショックを受け、「これでいいのか」と感じたこともあります。私を含めて多くの大人は、「子どもに楽をさせるとダメになる」という考えをなかなかアップデートできていない気がします。

そんな私を改めてくれたのは、やはり、よい意味で空気を読もうとしない息子でした。息子は、怒ろうが言い聞かせようが、力でねじ伏せようが、決して折れずに反抗します。

そんな日々に疲れ、悩みに悩んだ私は、ある日いつの間にか、自分の言うことを聞かせて大人の体面を守ることを優先している自分がいることに気付きました。大切なのは、息子に言いたいことをただ伝えることなのに。ですので、無理に押し付けずに、息子に合わせることにしたのです。

親の自分にも寄り添えるような言葉を選ぶ

すると親の私から出てくる言葉が変わっていきました。

「大人になったときに困るよ」↓「成長につれて少しずつ頑張れるようになるからね」

「それくらい頑張れなくてどうする」↓「すごく頑張っているし、我慢してたんだよね」

「甘えだよ。疲れているのはみんな同じ」↓「必要な休息は甘えじゃないよ」


こんなふうに言葉が変わると、言われる側の息子の目の輝きが戻り、親を信頼していると感じられるようになりました。同時に、言う側の私自身も肩の力を抜いて楽になり、自信が回復していきました。

子どもたちは誰でも、大人と同じように、自分の感情や意見を大切にしてほしいと願っているのだと思います。特性のある子どもにどんな言葉をかけたらよいか悩む大人は多いと思いますが、私が息子から学んだことは、大人が経験から学んだ先回りしたアドバイスをあたえることではなく、子どもを信じて、今の状態に寄り添ってあげるだけでよいということでした。

幹之佑VOICE　すでに目一杯頑張っているのに……

僕のような特性のある子どもたちは物心がついたときから、ずっと頑張れ頑張れと言われ続けています。でも、僕のように学習障がいや不器用さがあると、何もせずに自然にできたとか、かんたんにできたという経験はほぼ皆無なのです。息をするだけで大変なのだということをもっと周りにも理解してほしいです。

ヒント
10

思春期にはお互いの「ゾーン」をはっきりさせる

特性由来ではないイライラを感じる思春期

思春期に入った頃、息子が私に暴言をはいたり、夫を挑発して言い合いのケンカになったりすることが増えたことがあります。それまでは特性でできないことがあってイライラすることが多かったのですが、思春期になると明らかにそれとは質の違う、体の内側から湧き上がってくるイライラを感じました。これはプロのお知恵を借りたほうがよいと感じ、あいクリニックの西松能子先生にご相談にあがりました。

西松先生は「思春期を迎えたということは、それだけ幹之佑くんが成長している証拠ですよ。むしろ、この年齢で何もなく、大人しいままの子というのは逆に心配なの。迎えるべきものを迎えず溜め込んだまま大人になることは、のちのち色々な形でツケを払うことになって怖いのよ」と言われました。

ただ、そうした思春期の親なら誰もが感じるような不安に対してアドバイスするだけで終わらないのが西松先生の素晴らしさです。こんなことも付け加えてくださりました。

成長の証だからといって、大人と子どもの立場が対等であるということはあり得ないことで、思春期にはこの点を今一度しっかりと教える必要があること。子どものゾーンを大人が尊重する必要があるのと同じように、子どもも大人のゾーンに入らないようにすること。その線引きをしっかり示して見せてあげることがこの時期の子どもに必要であること。

息子が線を乗り越えようとする行為で特に気になっていた行為は、例えば食事の場面などで、夫婦や大人同士の会話に息子が口を出してくるところでした。

みんなで同じテーブルについているからといって、話題によっては子どもが入ってはいけない内容もあります。おしゃべりで何にでも好奇心をもつ息子は自分も会話に入りたくて、すかさず境界線を越えようとしますが、これはテーブルの雰囲気を壊す明らかなマナー違反です。

以前は頭ごなしに叱って黙らせることも多かったのですが、西松先生のお話をもとに、境界線をはっきり示す方法を、夫と考えました。

「しちゃだめなこと」だけでなく「してもよいこと」も明示する

行き着いたのは、してもよいことを明らかにすることです。夫婦に限らず大人同士が話しているときは、こっそり耳をダンボにして聞いていてもよいが、その場で会話に入ろうとしない。子どもが会話泥棒をするのは違反行為。一方で、家に帰ってからなど、他の大人のいない場所にいってから「あれってどういうことだったの？」と個別で聞くのはＯＫ。ただし、その場で話した内容は家庭外で絶対に話さない、などとルールを決めて約束させました。

地道に地道に時間をかけて、いつしか、この境界線ルールが家族内で馴染んだ頃のことです。

仕事か何かでイライラしていた夫が私に対して、特に理由もなく感情をぶつけるような言い方をしたときでした。「あん？」と私の眉間にしわが寄った瞬間のこと、それまでじっと一部始終を見ていた小６の息子が、「今しかない」という絶妙なタイミングをはかり、「おやじ、今すぐにおふくろに謝ったほうがいいよ」と冷静に夫に声をかけたのです。

その瞬間、私はいらっとした感情も忘れて大爆笑でした。

以前は好き勝手に話していた息子が、冷静に自ら状況を判断して、「ここぞ」というタイミングで父を助けるべく発言ができるようになったと実感できた瞬間でした。

現在は、息子が私たちの寝室に入るときは「入ってよいですか？」と一声かけるようになっています。私たち夫婦も、息子の部屋（現在は一人暮らしをしていますが、まだ部屋はあります）に入るときは本人に配慮すること、また、息子が言いたくないのに無理に聞き出そうとしたりしないようにすると約束しています。

特性のある子の中には、悪気はなくとも自覚なく他人の領域に入ろうとすることもあるので、幼く見えますし、ワガママな子とかしつけのなっていない子と見られがちです。目には見えなくても境界線の存在を教えること、年齢相応に応じた振る舞いを時間がかかっても「だめなこと」を教えるのではなく「してよいこと」を通じて伝えていくことが大切だと西松先生から教えていただけたことに感謝です。

幹之佑VOICE

「知らぬふり」ができるようになった

「口を挟まず、耳ダンボにしていなさい」懐かしい言葉です。僕が編み出したテクニックは、そういうときは、本とか携帯を見ているふりをすることです。僕はクラスで友達がつくれなくて、情報源が不足しがちでしたが、耳ダンボテクニックを身に付けていくことで、教室の急な変更の話とかを他の生徒同士の会話から得ることができるようにもなりました。思わぬ副産物でした。

ヒント11

家庭で誰が「長」なのかはっきりさせておく

特性のある子どもの安心・安全のために秩序を整える

私の実家には、一つだけ絶対ルールがあります。

それは、家族内の順序を守るということです。母は夫である父を非常に大切に思い、兄と私に対しても父親は絶対の存在だと教えてきました。

物流会社を営む父は、朝から晩まで働き詰めで家にいないことがほとんどでしたが、父がいないときも母は父の話題を頻繁に出すため、私たち子どもは常に父の存在を感じながら生活を送っていました。

父に対する母の細やかな支えがあったからこそ、父も心置きなく仕事に集中でき、家族のためにより一層会社の経営を頑張れたのではないかと思います。

そんな家で育った兄と私は、もし何か起こっても、父なら海を自力で泳いでも私を助けにきてくれる、と言えるくらい父を信頼して育ちました。

こうした父を頂点とした家族の序列は時代に合わない古臭い考えかもしれません。しかし、どんな組織や団体にも「長」というまとめ役が必要です。現代の家庭では、その長は必ずしも父である必要はなく、母であったり、あるいは父母の両方であったり、色々な形があってよいと思うのですが、家族の中の総責任者は誰かということを全員で意識すること自体は、決して古臭くも時代遅れでもないと考えます。

全責任を負える人が決定権をもつということは、言い換えると決定には責任が伴うということでもあります。

西川家の場合、学校選び、留学などの子育ての大きな決定を下す場合、必ず家族で話し合い、息子の意思を最大限尊重した上で、最終的な決裁は夫がしました。全責任を夫が負うと同時に、息子にもその責任を感じさせて、自覚をもたせるためです。

84ページの夫のコラムにも詳しく書かれていますが、英国に留学した高校時代、息子はトラブルを起こして停学処分を受けたことがあります。私にとっても本当に寿命が縮むようなできごとで、息子も涙しながら反省の言葉を述べましたが、その際、夫が学校に出向いて深く謝罪して、息子の不始末の責任をとりました。普段は夫に生意気な口をきくこともある息子ですが、窮地のときに、全責任を負って人生を引き受けてくれたことは痛いほど身に染みたはずです。一生、息子は父の愛を疑うことはないでしょう。

世の中には様々なルールや法律があることと同じように、家族内の序列をはっきりさせることはこだわりのあるＡＳＤの特性のある子どもにとって、家の中に安心感をつくる土台になると私は考えています。

幹之佑VOICE　この場を借りておやじへのリクエスト

僕がおやじから聞く話は有意義なものばかりで今でも役立っていることが数多くあるし、信頼しています。ただ、おやじはあまり自身が思っていることを話してくれないことも多いので、僕の考えとしては、守秘義務に関係すること以外であればもっと積極的に話してほしいです。僕も人の話を最後まで聞かない傾向にあるので、人の話を聞く習慣をつけることで、おやじからの話が聞ける機会を増やしていきたいです。

ヒント12 ゲーム依存症の脱し方

ゲーム大好き一家に生まれた息子のゲーム遍歴

息子のSNSや講演会で様々なご質問をいただく中で、毎回必ずといってあげられるものの一つにゲームや携帯の依存についてのご質問があります。

息子には小学校に入る前から自分用のパソコンをもたせていました。保育園の年中の頃からパソコンゲームの「A列車で行こう」や「鉄道模型シミュレーター」などのシミュレーションゲームをはじめ、小学校入学後は航空関係に興味がうつり「ぼくは航空管制官」、その後ニンテンドーDSやWiiなどで「電車でGO!」「どうぶつの森」、中学以降はPlay Stationの「Battlefield」といった戦闘アクションなど、息子は長年にわたってさまざまなゲームに興じてきました。

ゲームについては、子どもたちに性差関係なく様々なものに触れさせたいというのが私たち夫婦の共通した考えです。

私の実家は、父が元々コンピューターに関心が高く、今後は当たり前になるであろうという先見性があったことで私たち兄妹もワープロ、MS-DOSのパソコン、Windows搭載のパソコンなど、ゲームだけでなく、いち早く色々なものに触れて育ちました。

夫も、ゲームセンターのインベーダーゲームからパックマン、そこから任天堂のゲームウォッチからファミコンに移行した、ゲーム大好きの黄金世代です。

ですから、私たちは息子にゲームやパソコンを買いあたえることにまったく躊躇はありませんでした。けれども、息子世代と私たち世代の大きな違いは、ゲームへのアクセスのしやすさです。昔はゲームセンターやリビングのテレビで遊ぶものでした。しかし、現代は小さなスマホやゲーム機で、どこでもいつでも無料で気軽に遊べます。ゲーム自体も進化して、昔よりも刺激的で中毒性が高く、依存性も高いように思えます。

遊び方自体も私たち世代とは違います。昔は一つのゲーム機で皆で遊んでいましたが、今は同じ部屋にいてもそれぞれが別々のゲーム機やスマホ、タブレットで遊ぶという風景が当たり前です。親が昔と同じような感覚でゲームを認識していると、害も大きいことは事実と思われます。

息子も、小学校の頃に特性によって授業中に何かとつらい思いをするようになると、家に戻ると現実逃避のような形でゲームにのめりこむようになりました。夜暗くなった部屋をそっとのぞくと、布団の中に隠しもっていた携帯型のゲーム機で遊んでいることもあり、さすがに心配な状況になっていました。

一方で、携帯型のゲーム機は子育て上のメリットも発揮していました。本よりも軽くかさばらずに持ち歩ける上に、病院の診察や様々な待ち時間に子どもは一人で遊べます。周囲の環境に影響を受けやすく目移りしやすい息子ですが、ゲームなら飽きにくく長時間集中できます。特性のある息子を育てる上で、親も何度もゲームに助けられる場面があり、手放すという選択肢は考えられませんでした。

夫と3人で話し合いルールを定め、ゲーム機のモニタの上に「一日ゲームは2時間まで」とシールを貼りましたが、もちろんこんなことでなおるわけもありません。どんどんのめり込んでいき、小4くらいには、完全に依存状態。あまりにもゲームばかりするので、私も頭にきて、携帯型のゲーム機以外はすべて私の実家に送り、新潟に帰省したときだけ遊んでいいということにしたこともあります。

ところが、あれほどゲームに依存していた息子でしたが、小6の頃からあっけなくゲームにのめり込むことがなくなりました。きっかけは夫です。

夫はゲームの「黄金世代」ではありますが、長い間オーストラリアとイギリスでの寄宿舎生活が長かったこと、両親が厳しくてゲームどころかテレビも満足に見させてもらえなかった子ども時代を過ごしました。英国のイートン校の寮には、一台だけ小さなテレビがあり、それを皆ぎゅうぎゅうになって見ていたそうで、正直何の番組だろうが、とにかく光って動く画面があるだけで幸せだったそうです。

そんな夫は、まさに遅れてきた子ども時代を取り戻すかのように大人になってゲームっ子になりました。DSをプレゼントしたら、「ドラクエ」や「大戦略」をそこまでやりこむかと家族があきれるレベルまでのめりこむのです。

下の娘を授かるまでは私も寛容な心で見守ることができましたが、妊娠・産後の急激なホルモン分泌の変化と育児の睡眠不足で私の我慢も限界に達しました。

ある日、小6の息子に、夫がゲーム依存の姿を見せて、「どうしたらパパがゲームにのめりこまないようになるだろうか」と、真剣に相談したのです。

息子も、父親が異常なまでにゲームやテレビ、映画に執着する姿に何か思うところがあったのでしょう。以来、息子がゲームにのめりこむ時間は徐々に減っていき、依存は終結しました。高校で英国に留学した際は、寮にゲーム機を持ち込む同級生が多いのにも関わらず、息子は自分の意思でもっていかないという決断をするほどでした。

ゲームに勝る「刺激的」な体験を追求する

夫は「息子を立ち直らせるために、泣く泣く自分が犠牲となりゲーム依存の姿を見せたのだ」と豪語します。もし仮にそうだとしても、こんなエピソードでは、読者の皆さんの失笑はお誘いしても、お役に立つことはできませんので、真面目に検証します。なぜ息子は、ゲーム依存から立ち直れたのでしょうか。その理由を先日改めて本人に聞いてみたところ、理由は大きく3つだと答えてくれました。

一つ目は、やはり父親のゲームがやめられない姿を見て反面教師になったこと。二つ目は妹が誕生し、手伝いや妹と接するうちにゲームをする時間が自然と減ったこと。三つ目は中学入学後に全国色々なところに一人旅をするようになり、バーチャルのゲームよりも実体験のほうがおもしろいと感じたから、とのことでした。

ゲームや携帯の依存症の改善策として、「外での体験を増やしましょう」というアドバイスを見聞きします。また、ゲームやスマホをもたずに一定期間外出する「デジタルデトックス」といった方法もあるそうです。これは、定型発達のお子さんには有効かもしれませんが、私は息子の経験から考えるに、特性のあるお子さんに対しては不十分だと感じます。

ＡＤＨＤの特性のある子は、「常にわくわくしていること」「刺激がないと落ち着かない」という特性があります。ゲーム以上に「楽しい体験」、でなくては依存症脱却には効果がなく、単にゲームをもたずに外出したり、公園遊びをしたりといった程度では刺激が足りないのです。

同じ外出でも「刺激的な体験」が必要です。スポーツなら、スキーやスノーボード、ダイビングやヨットなど、過保護な方ならちょっと躊躇するくらいのスリリングで興奮できる体験をさせることで、ゲームよりも現実の体験のほうがすごい！　と思えることが脱却のきっかけになるはずです。

息子にとって、そんな「刺激的な体験」は一人旅でした。大雨で寝台列車の中に閉じ込められた、いきなりバッグを電車に置き忘れた、カメラを電車に置き忘れた、財布を宿に置き忘れた、レンタルサイクルにうまく乗れずに道の脇の茂みに突っ込み現地の人に心配された、などの数々のアクシデント、また、外国人観光客を英語で助けた、旅先の方に親切にしていただいたという家にいたら味わえない経験。トラブルも含めて、息子にとっては刺激的な体験になったようです。

もちろん、これは息子の個人的なケースで、当てはまらないお子さんもいらっしゃるでしょう。ＡＤＨＤ

とは異なり、ASDの傾向は予期せぬ事態への対応に困難があるため、刺激的な体験は逆に負担が大きくなるケースもあるかもしれません。特性的に同じことを続けることが安心感につながるため、何も考えずにゲームをすることで安心を感じている可能性もあります。

深刻な場合は、ゲームよりも、本人にとっての隠れた問題を取り除くこと優先しなくてはいけません。学校や主治医、いざとなったら入院治療などの方法を含めて、プロの専門家の知見をお借りすることをおすすめします（参考書籍に『こどもスマホルール』（竹内和雄／時事通信社）をおすすめします）。

幹之佑VOICE　ゲームから学んだ知識もある

当時のおやじのゲーム廃人っぷりは本当にすごくて、僕のほうがドン引きしていました。僕の実感としては、ゲームを禁止するということではなく、日常生活に支障が出ない範囲の中に留めるということが大事です。ただし、ゲームの内容は、プレイ以外での楽しみ方もできる作品で（「電車でGO！」のように外出したくなるもの）、なおかつプレイ時間を調整しやすいものが好ましいです。ゲームで僕はいろんな知識や関心をもつことができました。なので、この文章を読んだ保護者がゲームのプレイを後出しで一切禁止するようなことは無意味であり、むしろ親子関係が壊れる原因になり逆効果だと考えます。

ヒント13

特性のある子の偏食について

食べる＝栄養のためと考えていた私

同じような悩みを抱えている保護者の方はとても多いのではないかと思うのですが、特性のある子どもは特定の食べ物ばかりを好みがちではないでしょうか。

これも詳しくは息子が著書に書いていますが、息子の場合は肌がガサガサになるほどの偏食で、血液検査でビタミンとタンパク質、鉄分などのミネラルが不足していると診断されました。

日本では、食育というと、栄養素について学ぶことが一般的です。この野菜にはこういう栄養がある、身体に対してこういう働きをするという知識をベースにすることが多いです。また、食べ物を大事にするという考え方から、「お米を粗末にすると目がつぶれる」とか、「残すとバチが当たる」などという大人もいます。

私自身も、米どころで育ったのでそんな感覚を強くもっており、特定のものばかりを好む特性がある偏食の息子に対しては、「緑の野菜を食べないと病気になるよ」とか「バランスよく食べなさい。好きなものばかり食べていたら大きくなれないよ」と言って、なるべくいろんなものを食べさせようとしていました。

しかし、これだと食べるという行為が、楽しい行為というよりも、栄養をとるための義務的な作業になってしまっていたと思います。

あたえられたものに対し、不足不満をもつことなくありがたくいただく、という行為は非常に大切ですが、「栄養補給のために食べる」という基準による声掛けだけでは、味覚や触覚における感覚過敏をもつ息子にとっては、無理に食べなくてはいけないものが増えるばかりで、食べる行為が苦痛になるばかりだったはずです。

また、「特性のある子あるある」だと思うのですが、今思えば、同じ食べ物を食べ続けるのは、息子にとっての「安心感」にもなっていました。普段から人一倍刺激を感じていて感情を爆発させやすい息子は、息をするだけでも精一杯。せめて食べるものくらいは、何も考えずに慣れたものを口にして安心を感じたいと思うのは、息子が編み出した自分を守る方法だったのです。

食べる楽しさを教えてくれた「味覚の授業」

三國清三さんという日本のフランス料理界を代表するシェフがいらっしゃいます。日本人で初めてフランスのレジオン・ドヌール勲章のシュバリエを受勲されました。２０２２年の12月28日を最後に四谷のお店をクローズ。今後は豊洲にご自身の第二の人生をかけたカウンターのみのお店をオープンされるそうです。

幸運なことに、息子は３度も三國シェフに学校の場を介して出会うことができました。一度目は、千代田小学校でおこなわれた「味覚の授業」、二回目は麹町中学校での調理実習、三回目は中２で聞いた卒業生向けの記念講演の場です。

そして、三國さんの授業やお話を聞くうちに、息子の食に対する意識がどんどん変わっていくという驚くべき結果となったのです。

千代田小でおこなわれた「味覚の授業」とは、30年以上前にフランスではじまり、毎年10月の第３週に実施されている食育活動「味覚の一週間」®の柱の一つに位置づけられるものです。

農業大国で食に関する文化が非常に発展しているフランスでは、公立学校の給食は前菜・主菜・副菜・デザート・パンで構成することと国の法律で決まっているそうです。また２０１８年にはエガリム法という法律により、公立学校の給食の50％は環境に配慮されたもの、そのうち20％はオーガニックにしなくてはいけないと定められ、環境にも子どもたちの健康にも配慮することが義務付けられました。

こうしたフランスが誇る食文化の高い意識を知り尽くした日本の一流シェフたちが、ぜひ日本の子どもたちにも直接伝えていきたいと、２０１１年から国内でも「味覚の授業」をはじめました。公式ホームページによると、会期中は日本各地の小学校やレストランなどで、五感を使って味わうことの大切さや食の楽しみを体感できる様々な取り組みをおこなっているそうです。

そして、国内での取り組みの初年である２０１１年の10月24日、当時９歳の息子が在籍していたクラスに、三國さんと、フランスの三ツ星レストラン「ルドワイヤン」のシェフであるクリスチャン・ル＝スケールさんが訪れ、子どもたちに味の基本となる４味と、それを味わう楽しさを伝える授業をしてくれました。息子はそれまでじっくり使ったことがない感覚があることを、ここで自覚したようでした。

また、麹町中学校での三國シェフが来校しての調理実習では、息子は身体によいものとおいしいものは一体であると気付いたようです。様々な食べ物にチャレンジする気持ちが芽生え、調理に工夫をして美味しくいただけるようにすることが、生産者の生活を支え、ひいては食品ロスにつながり、環境を守ることにもなると学んだようです。

そして、息子の学びと成長を通じて、保護者の私も、食べるということは喜びであるという本質を見つめなおすことができました。食は空腹を満たすものだけでなく、文化そのものでもあります。食の幅が広がることで息子も私も内面が広がり、深く成長することができたと思います。

小学生や中学生に美食を教える行為は、贅沢な機会のように思えますが、食べ物を粗末にしないという最も大切なことを三國さんから教えていただける貴重な機会となりました。

なお、息子が味覚の授業を受けた当日は、ＮＨＫの取材が入りました。その前日のこと。先生から夕方に電話があり、取材が入ることを息子によくお母さんから言い聞かせてほしい、無理であれば幹之佑さんを休ませてほしいと言われました。

先生のおっしゃることももっともだと思いました。学校全体の利益を考えたとき、予想外の行動を起こす可能性が大きい息子を休ませることを検討した先生の判断は正しいと感じました。

けれども、私はこのあとで息子とよく話しをするので参加させてほしいとお願いしました。学校から見て私の判断が正しかったかどうかは今でも分かりませんが、私は母親として息子に成長するチャンスをあげたかったのです。

あの日授業を受けることで、その後は急速に食べられるものが増えました。息子は他で補うことができないとてつもない大きな体験と利益をいただくことができたのです。

幹之佑VOICE　料理の奥深さに触れた思い出

僕にとって味覚の授業は、少しずつ偏食を解消し、料理や素材、調理方法への関心をもつきっかけになりました。一人暮らしをしてからも鰹節から出汁をとって味噌汁をつくります。あのときあの授業を受けていなかった場合には、自炊の意欲も知識も得られなかったと思います。

ヒント14
子どもの安心・安全の場所を増やす

息子が小さな頃は、保育園や学校での生活、病院などのちょっとした外出も本人にとって様々な困難が伴い、また偏食などもあって、非常に疲れやすく、よく体調を崩していました。母としては、せめて家くらいは身体が安らぐ場所にしてあげたいと思っていたのですが、ADHDの特性ゆえに脳が常に覚醒しているのか、寝つきが非常に悪いことも悩みでした。

どうしたら息子の身体の緊張がやわらぐだろうか。悩んで色々調べていたときに、小児鍼の存在に行き当たりました。小児鍼とは、資格をもった鍼灸師の先生がおこなえる施術で、主に関西方面で広く知られているものです。

小児鍼は、一般的な大人の施術と違って鍼を身体に刺すわけではなく、専用のローラーや棒を使って軽くなでるように刺激するものです。母が入院していたときに少しでも回復が早くなるようにと自己流ではありましたが東洋医学の本を読み漁ったことがあり、また、夫と結婚して間もなくの頃に追突事故で軽いむち打ち症状の改善のために鍼灸に通ったことがある私でしたので、小児鍼への抵抗感はありませんでした。

早速近所にある鍼灸院を調べ、電話をかけて小児鍼をおこなえるか聞いてみました。その場で予約をして、息子が施術を受けたのは年長の頃だったと記憶しています。最初何をされるか不安そうだったものの、背中をこすられてとても気持ちよさそうにしています。その日の夜は驚くくらい寝つきもよく、寝相も普段よりもよくて眠りの深さを実感できました。

鍼灸がなぜ効果があるのかは、自律神経が整うからと言われていますが、あの日から息子の体調管理、特に睡眠に関して気になることがあるときは積極的に鍼灸に頼るようになりました。

また、小4のとき、初めての宿泊行事の一週間前に、不安からか今まで一度もなかった夜尿症になったことがあります。この際も、たった一回の施術で症状がおさまり、安心して行事に送り出すことができました。

息子にとって「受け入れられている」と感じられる場所だった

息子は高校入学まで同じ鍼灸院に通い続けました。私も疲れて「もう限界！」となったときや、夫もぎっくり腰のときに、家族で通えて助かりました。その院の先生はどなたもとてもやさしく、施術中も止まらない息子のマシンガントークを一生懸命聞いてくださりました。もしかしたら、受け入れられているという安心感も治療の効果を上げていたのかもしれません。残念ながら、現在は閉院してしまったため、今は家族で通える鍼灸院を探しているところです。

なお、小児鍼は大人の鍼灸よりも料金がおさえられていますが、医療費控除の対象ではあるものの保険外診療となり、回数が重なると金額も大きくなるため、指圧棒を購入して私が見様見真似でするときもありました。プロの施術もよいですが、母親に触れられることは子どもの愛着形成によい影響をあたえられます。また、触覚過敏を軽くするためにもマッサージを取り入れることが推奨されているため「普段頑張りすぎているる子どもの心と体をほぐすためには、回数、それ以上に母の愛！」と、長年私が心掛けてきたことの一つです。

マッサージをされながらうれしそうにニタニタしている子どもたちの顔を見る時間は、家が安心・安全の場所になっているように感じられ、わが子専属マッサージ師の私にとっても心が満たされる大切な時間でした。それから夫にイラっとするときがあると、足つぼマッサージと称して夫が悶絶する姿を見て気持ちをスカッとさせるストレス解消にも役立っています。

長年気になったら鍼灸に通うという生活を送ってきましたが、西洋医学以外にも様々な選択肢があることを知ったことで、人生の安心感が増したと感じています。

幹之佑VOICE　少しずつ試していくことが重要

僕の実体験では、安全・安心である場所の選択肢が増えたことに比例して、イライラが爆発することも次第に減ったように感じています。ただし、家以外の場所に安心・安全な場所をつくるには時間がかかります。選択肢をそれぞれ数回試してから、無理のない範囲で広げていくことが重要でした。

ヒント15

体調管理にドライヤーが大活躍

一番よいコンディションで学校に送り出す

特性のある子は、学校や色々な場面で人一倍頑張り続けなくてはいけません。少しでも支えになれるよう、母親としてできることは何だろうと考えたところ、一番の答えは「体調管理」でした。息子は特性のために極端な偏食で栄養状態がよくなかったこともあり、風邪を引いて寝込んでしまうと回復するまでに何日もかかってしまいます。授業の遅れは心理的な焦りを呼びますし、鼻水などが出ていると集中力も落ちてしまいます。

私は、雪深い新潟生まれなのに冬の寒さに異常に弱く、真冬になるとしもやけで散々苦しんだ経験があります。そのため、いかに冷えを防ぐかという観点で、自分や子どもの体調管理をしてきました。

一時期「冷えとり健康法」というものが非常にブームとなり、五本指ソックスの上にさらに靴下を重ね履きすることが推奨されていました。しかし、この方法は息子のような感覚過敏のある子どもたちには難しいため、もっと時間をかけずにかんたんにできる方法がおすすめです。

私が真冬の寒い時期に子どもたちによくおこなう方法は、ドライヤーの熱風をあてて体をあたためる方法です。背中側の肩甲骨の間には、「風門」と呼ばれる風邪予防に効果があるツボがあるといわれていて、そこをあたためます。

ドライヤーをあてるときは、やけどを防ぐために、一か所に風があたらないように手首のスナップをきかせて振りながらあてます。右手でドライヤーをもつならば、左手は子どもの体にあて、ドライヤーの風が熱くなりすぎないように自分の手で確かめながらおこなってください。

一度気持ちよいあたため方を体験すると、子どもはやみつきになり、そのうち自分から冷えを感じるとドライヤーを出してきて、あたためてほしいと言い出すようになります。寝る前の緊張をほぐす意味でも使用できますし、とても冷える朝は、学校にいく前に10分ほどしっかり背中と足をあたためると元気に登校できます。女の子の場合は骨盤を中心にあたためると顔色がよくなります。

息子は幼い頃からいつもピリピリと緊張で身体が冷えてかたまっており、青白い顔をしていたのですが、あたためると身体もほぐれ、顔色もよくなりました。もちろん、それだけでは問題行動はゼロにはなりませんでしたが、一番よいコンディションで学校に送り出してあげられるように心掛けることは無駄じゃないと、今自分ができることはすべてやろうという気持ちで続けていました。

足をあたためる

もし、そこまで時間や気持ちの余裕がないという場合には、手間をかけずに誰もが使えて年中家に置いておける足温器がおすすめです。学生時代に一人暮らしの冷え性の私のために母がプレゼントしてくれた足浴器がスタートでしたが、その後様々なメーカーのものを試したところ、わが家ではＦＵＪＩＫＡ社の「スマーティーレッグホット」がベストでした。

机の下に置いておけて、足先からひざ下までをマシンに入れますが、遠赤外線効果から20分もするとじんわり身体全体が中からあたたまってきて気持ちも楽になります。体調が悪いときは一時間以上あたためていても冷えを感じることもあり、今の自分の体調を客観的に判断するのにも役立ちます。

子育ては長距離走、ましてや息子のような特性のある子の子育ては、体力勝負に加えて、ストレスとの戦いの日々です。類似品にくらべるとお値段は高いですが、値段相応に品質がよく、耐久性もあり長く愛用できますし、他人からケアしてもらう金銭的負担や時間の確保とくらべれば、決して高い買い物とは思いません。

子どもたちも、朝食を食べながら、下校後におやつを食べながら、あるいはゲームや読書、宿題をしながらなどなど、「ながら」をしながら足をあたためています。

心と体の冷えをとるには「あたたかい食事」「あたたかい環境」「あたたかい言葉」の３つが大切というのが私の持論です。外で頑張る子どもたちと夫に私ができること、そして頑張る自分も大切にするために。よかったら参考にしてみてください。

幹之佑VOICE　「距離感」も必要

心と体の冷えを解消するには、家族それぞれとの程よい距離感も必要になると思います。食事・環境・言葉の3つに加えて、本人が望む距離感も加えてもらえるともっと嬉しいです。近すぎたり、遠すぎたりすれば効果はありません。僕たちの程よい距離感は周りからは何となく理解できるものではないので、トライアル&エラーを繰り返しながら本人の望む加減を調整することも重要な要素だと思います。

ヒント16　ペットが育んでくれた感情と「死生観」

息子とハムスターの熱愛

実家は物流会社で祖父母の代まで馬を使って仕事をしていた時代もあり、私も小さな頃から犬や猫、文鳥など動物との生活が非常に身近でした。学校から戻るとしっぽがちぎれそうなくらい喜んで犬が出迎えてくれたこと、ベッドの中で猫と一緒に眠ったことは、家業で多忙だった両親からは不足気味になっていたスキンシップを補ってもらえたよい思い出です。

一方で、結婚後は、以前から夫が飼っていた犬二匹、私も一人暮らしのときから飼っていたウサギが天国にいってからは、ペットを迎えることはありませんでした。特性のある子を育てることは、肉体的にも精神的にも重労働。目いっぱい大変ですし、あっという間に日々が過ぎていきますから、ペットなど飼う余裕などないというか、そんなことすら思い浮かばない毎日でした。

そんなある日、息子が小一のときに、ジャンガリアン・ハムスターを飼いたいと言い出したのです。不器用でお世話ができるか少し不安がよぎりましたが、息子を信頼して迎えることになりました。名前は「ダーウィン」。保育園の年長のときに英国のウェストミンスター寺院にあるお墓を訪れて以来、尊敬するチャールズ・ダーウィンの名前をもらいました。

ペットショップではメスと言われたため、「ダー子さん」と息子は呼んでいましたが、とてもひとなつこく、幹之佑が片手にハムスターを乗せながらパソコンでゲームをするなど、二人の熱愛ぶりは親から見ていてもほほえましいものでした。

ジャンガリアン・ハムスターは寿命が短く、大体2年ほどしか生きることはできませんが、しつけやお散歩、お世話がそれほど難しくなくて飼いやすいこと、小さいながらも感情豊かなところが息子の情緒の発達にとてもよい影響をあたえてくれました。

目に見えない「命」や「死」という観念が養われる

ペットを飼うことについては、様々なよい面があると思いますが、私が思う最たる利点は「死生観」を学び、感情を育てるということだと思います。昔のように、家で看取るということが当たり前ではない現代の生活の中で、子どもたちが「命」について学ぶ機会はどんどん失われていると感じます。

特に特性のある子にとって、目に見えない抽象的な「命」や「死」という非常に曖昧なものをイメージすることは難しいです。本や映画などから学ぶことも可能ですが、やはりどこかリアリティに欠け実体験には叶いませんし、間違った価値観ではないか、親が目を配る必要もあります。

ハムスターが精一杯生きる姿を通して、息子に教えてくれたことは親である私が想像する以上のものがありました。

アメリカの精神科医エリザベス・キューブラー・ロスの「悲しみの5段階」(否認↓怒り↓取引↓抑うつ↓受容)という精神プロセスがあります。ダーウィンを迎えたことで、こうした一連のプロセスを息子が体験しただけでなく、家族それぞれが悲しみを受容するまでのプロセスの進度が違うことも同時に知る経験となったことは、家族の人格の違いを認める上でも大切なできごととなりました。

特に、悲しみと怒りはまったく違う感情であることに気付くきっかけになったと感じます。以前の息子は悲しみを感じると、怒りの表現が出がちでした。しかし、愛する存在の別れを経験し、受容といった感情にまで行き着くようになった気がします。

ダーウィンが天国にいった後も、思い出話をしたり、目に見えない存在に思いをはせたりという経験は、想像力を豊かにするきっかけにもつながったと思います。

わたしたち家族に命の大切さを教えてくれた小さな命たちに感謝します。

幹之佑VOICE　無理やり飼うのは逆効果

今でも僕にとって「ダー子」の存在はとても大切です。ASDの特性は他者への興味が薄いことといわれますが、人や動物に興味がもてないなんてことはないです。ただ、僕が思うのは、本人が望まないのに、子どもの教育によいからという理由で動物を飼うことはやめてほしいです。僕のような特性のある子どもからすると、本人が望まない環境を勝手に決められることはすごく負担になります。勝手に決められたのに可愛がらないことを責められても困るからです。

私が真の意味での父親になるまで

西川高幹

幹之佑は妻の実家がある新潟県三条市で生まれました。日本で一番社長の多い（人口比）町で、そのため、古くから花街といわれる飲み屋街が非常に発達しており、いまだに多くの料亭があり、芸者衆も（かなり年季が入っていますが）元気です。それはさておき、幹之佑が生まれた日は大雪の後で、病院までいくのにかなり苦労したのを覚えています。後日、妻の親戚がお見舞いにきた帰りに雪の中をスリップして事故を起こしたほどです。でも病室の中は温かく、花でいっぱいです。花屋に頼んで入院中毎日花を届けるようにお願いをしていたからです。

幹之佑の誕生は本当に嬉しかったです。色々な思いが交錯しました。これで西川家の跡継ぎができた、という家父長的なものもあれば、膝の上で絵本の読み聞かせができるといった独善的なものもありました。私は本が大好きで、本のページをめくる音が心地よくて聞くとあっという間に寝てしまうので、幼少期の体験が刷り込まれていたのだと思います。同じ楽しみを幹之佑にも味わわせてやりたいなと思いました。そのうちにプルーストの絵本なんかも探して読ませてやれたらいいなとも。

進学する学校も、少し気が早いですが妻が妊娠した時点で男の子が産まれることを期待して、英国にある私の母校のイートンの入学試験を受験する資格を取得するために登録していました。13年後に寮長となりうるような人物の情報も集めないといけないとも考えました（なお、これまたどうでもいいですが、現在人気の『SPY×FAMILY』というマンガの人気キャラクターであるアーニャが通学する「イードン校」はイートンをベースにしているようですが、イートンは小学校からは入れず、また、共学でもないです）。イートンに入るまでの間は東京のインターナショナル・スクールにいかせるか、それともかわいい子には旅をさせていきなり海外留学をさせるか。しかし、お金がないな……など悩みながら、幹之佑の将来のことを考えると夢が膨らみました。

幹之佑はその後、順調に育ち、生後9か月で歩くようになって早くも神童ぶり（と両親は固く信じていました）を発揮しました。言葉を発するのが少し遅いのを周りの人は気にしていたようですが、特に気になりませんでした。学校に通学して他の同世代の子と交われば言葉なんかあっという間に身につくと考えていたからです。幹之佑が「ママ、パパ」や「ガタンガタン」といった擬音語以外で最初に言った言葉は「ヒコーキ」でした。テレビの画面の片隅に映っている豆粒みたいな機影を指してのことであり、またもや神童ぶりを発揮した瞬間でした。

確かに、幹之佑は落ち着きがなく、ジッとしていることが苦手でした。上越新幹線で東京駅から燕三条駅までよくいきましたが、高崎を超えてから長岡に到着するまでの間はずっと山間のトンネルを通るため外の景色が見られません。この魔の時間に幹之佑が飽きないように妻は窓に貼る電車のステッカーを用意したり、携帯DVDプレーヤーをもってきたり、あとはひたすら通路で過ごすなどして苦労しました。上越新幹線は2時間しかかからないのでまだよいですが、初めての子連れ旅行となったハワイまでは飛行機で8時間もかかります。しかも夜行便なので、乗客は機内で寝ています。父方のいとこに会うために乗ったはじめての機内では3時間もずっと泣いていました。機内でこれから寝てリフレッシュして朝一番にホノルルで噂のパンケーキを食べようと計画しているカップルからは当然に白い目で見られます。泣いている子を見たことがないのか、こっちだってつらいんだよ、と半泣きで息子をなだめますが、なかなか泣き止まず、寿命が縮まる思いをしました。初ハワイは思い出が多く、幹之佑がベビーカーに揺られて奇跡的に30分だけ寝たのですが、静かになったのはこれが最初で最後でした。夕食時にプールの周りをひたすら走り回り、妻と順番で面倒を見ながらごはんを食べたのですが（3人でテーブルを囲んでゆっくりと食事をとるという経験はなく、たいがい息子が走り回っていました）、ウェーターに、この子はすごい、マラソン選手になれる、と言われました。

少し、というかかなり落ち着きがなく、チョロチョロの子でしたが、そんなに心配するほどではない、と考えていました。私の両親はすでに死んでおり、親戚付き合いはほぼないし（というか、裁判をおこされるくらい仲が悪い）、妻の実家も三条市にあるため、子育てについて頼れる人が身近にあまりおらず、幹之佑は同世代の子どもと接する機会もあまりありませんでした。だから同世代の友達ができれば、話も上手になるし、多少は落ち着くだろうと根拠もなく考えていました。

こうして、幹之佑がインターの幼稚園に入学し、その神童ぶりが遺憾なく発揮されるはずでしたが、即日退園を宣告され、しかも、園長先生には自閉の傾向があるので医者に診てもらったほうがよい、と言われました。私が幹之佑のために、と勝手に用意していた人生設計が呆気なく崩れた瞬間でした。

幹之佑が多動性であるとの診断を受けた後、最初は、「なぜ幹之佑が？」と「不公平」を感じました。確かにチョロチョロですが、IQは平均以上ですし、振り返ってみるとクラスには必ず一人や二人こうした「変わった子」がいたではないか、ビル・ゲイツだってアスペルガーだといわれているではないか（当時、イーロン・マスクはそれほど有名ではありませんでした)。

何より、代々東大を出ている西川家の人間です。事業家として成功し、地域ひいては日本の経済に大きく貢献している渡邊家の血も継いでいます。このような子に「発達障がい」とレッテルを貼るのは、味噌も糞も一緒にするようなもので不公平だ、そもそも「普通の子」って何なんだ、と怒りのような感情を覚えました。

しかし、幹之佑が不得意なもの、特に日本で「普通」に社会生活を送っていく上で不可欠なスキルを多く欠いていたのも事実であり、このままでは大人になっても苦労するのは目に見えていました。いつも教室から飛び出しているようでは、大人になってサラリーマンになるのは絶望的です。自分の言いたいことだけベラベラしゃべっていたのではまずいし、少なくとも人の話を聞く素振りをしていないようでは、孤立してしまいます。そこで、こうしたスキルを習得する必要があるとは理解していました。そういった意味で、千代田小の支援級で最初に学んだことは非常に大事で、支援級の先生方にはとても感謝しています。

独断も入りますが、ヨーロッパの王朝史は「狂気」の歴史にようにも思えます。永く続いている家ほど「変わった人物」がいるのはいわば「常識」と言ってもよく、近代の例ですと、英国国王ジョージ5世の第5男のジョン王子(1905-1919)は自閉症であったとされます。また徳川家の系譜の中にも障害を抱えていた人物が存在していたとされています。英国王室と似ているなら、むしろ光栄なことではないかと思えるようになりました。当初あった「怒り」の感情は徐々に消えて、「受容」へと変化していったのだと思います。

生来、私は、人の気持ちを読むのが不得意です。妻曰く、「違う。そうじゃない」と言いたくなるような「普通の感覚」が分からず、「時々周りがドン引きするようなことをさらりと言ってのける」特殊な才能があるそうです。大学生の頃、先輩を「貴様」と呼び、首根っこをつかまれたこともあります。「貴い」様なのですから、何が悪い、と当時は思いましたが、小さい時からずっと外国の学校にいっていたため日本語が少し不自由だった私が日本語ってけっこう難しいな、と実感した場面の一つでした。精神科医に診てもらったら、アスペルガー症候群の気質があると言われると自己診断しています。

したがって、幹之佑の特性を理解した上で、彼の立場から物事を見る、とか、彼の気持ちになって相談にのるような立派なやさしい父親になるのは土台無理です。そもそも、私は、亡父から、自分はどうしたいのだ、とか、自分はどう思っているのか、といったことを聞かれた記憶がなく、そういった父親になる手本が身近にありませんでした。亡父は、私の兄（父の長男）が精神疾患を患って強制入院したときも英国に滞在したままで、一時帰国をした亡母と私に入院手続き、退院後の面倒の一切を任せるような仕事最優先の人でした。

では、どうすればよいのか、自分なりに考えてみました。「サブスタンス」。私は、2年間出向した先の経済産業省では「ロジは100%」ということを叩きこまれました。「ロジスティック」、すなわち物流・兵站＝交渉する場所と時間を間違ってしまったのではすべてが台無しになるのでロジは100%詰まっていないといけない、という意味でした。

幹之佑の一番のカウンセラーは妻です。つまり、「サブ」の主任は妻です。したがって、妻を支えること、すなわち「ロジ」まわりを担当することが幹之佑を支える一番いい方法です。私は、日中職場にいってたまには出張することができ、家庭を離れる時間がありますが、妻は365日1日中幹之佑と向き合わなければならず、逃げ場がないのでなおさらです。幹之佑を愛情いっぱいに精一杯支えるあたたかい家庭を築くために、とにかく「その場にいる」ように努めました。例えば、幹之佑の学校の行事にはなるべく出席するようにしましたし、家庭での親子の時間を目一杯増やすために転職もしました。オリンピックよろしく、とにかく参加することに意義がある、と考えたからです。

以上、妻と相談をして決めたわけではなく、肝心な「サブ」を妻に押し付ける言い訳にしか見えないかもしれません。もっともな指摘です。しかし、決して楽をしていたわけではありません。以下、幹之佑の高校時代における「ロジは100%」の実践版です。

幹之佑が帝京ロンドン学園に留学する、と言い出したのには感激しました。自分の意志で私の大好きな英国にいき、家族と離れて寮生活を送る、という選択をしたからです。しかし、これだけ多くのハンディを抱えた子です、4月に羽田で見送って時々Skype通話をし、7月にまた羽田へ迎えにいくだけで済む、とはもちろん思っていませんでした。何かトラブルが起きた場合には学校まで文字通り飛んでいって学校と協働して幹之佑を育てる覚悟でした。受験前の下見に一回、合格後の入学前にも学校を訪問して事情を説明し、4月の入学式にも岳父と出席しました。

案の定、入学直後に早速トラブルを起こしたため渡英し、以後、コロナのため在宅学習が続いた期間を除き、ほぼ毎月帝京ロンドン学園を訪問しました。セキュリティ・ゲートのおっちゃんたちとは顔見知りとなり、「ミッキーのお父さん」として顔パスになった程です。入学当時の帝京ロンドン学園の校長は、長年都内の私学で教鞭をとってきた大ベテランであり、学校では「みんな仲良く」するべし、という信条をもっている方でした。「対立は当たり前。それにどう対応するかを学ぶのが学校である」と説いていた工藤勇一先生とは勝手が違うな、と思いながらも、色々と話をする機会がありました。

1年生の夏休みの間の2週間、英国南部のブライトンの現地の一家にホームスティをしてそこから英語学校に通学する、という体験をするのですが、これは幹之佑にとってはかなり難易度が高いです。そこで、学校と相談をして、私と妻と未就学児の娘の3人で、その間、ブライトンに滞在し、何かトラブルが起こったらいつでも幹之佑を引き取ることができるようにしました。幸い、何事もなく、幹之佑のホームスティ先の夫婦とも仲良くなることができ、ブライトンの町が大好きになって日本に戻りました。

また、2年生の春休みのイタリア旅行にも学校の要請を受けて同行しました。ロンドンからピサ／フィレンツェ、フィレンツェからローマ、ローマからロンドンまで、全く同じ飛行機・列車の少し離れた席に座って同行しました。まるでストーカーです。日中も、おそらくこの時間にはこの道を通ってここにいくだろう、と名探偵コナンぶりの推理力を発して待ち伏せをし、帝京ロンドン学園2年生御一行様と遭遇することも多々ありました。ミッキーのお父さんの神出鬼没ぶり、かなり評判になっていたと思います。幹之佑も旅行初日に家族用にと大量のお土産を買いトランクに入りきらなくなったので私が代わりにもって帰り、かなり助かったと思います。

2年生の3学期には、幹之佑が先輩にたてつき、停学処分を受けるという大トラブルが発生し、あわてて渡英しました。学年末試験の直前という最悪のタイミングでした。学園と話し合って、停学処分中はホテルで一緒に過ごし、テストは私が送り迎えをして他の生徒とは別の部屋で受けさせてもらえるように配慮をしてくださいました。

学校には心から感謝しています。期せずして幹之佑と2週間近くロンドン郊外のホテルに滞在しましたが、旅行でもない限り、これだけの期間を二人きりで過ごすことは初めてでした。

最初は停学処分という大変なことをしでかした幹之佑に対して、会った瞬間に殴りつけたいくらい怒りの気持ちでいっぱいでしたが、妻にはただ頭ごなしに怒るだけではダメ、本人が心から反省できるように父親としてしっかり話し合ってきてほしいと送り出されたため、この期間はぐっと我慢をして過ごしました。

停学処分を受けた理由は、学年末試験を控えて皆が勉強に追われる中で、卒業式を迎えた3年生が寮の中で騒いでいたことに我慢ができずに注意をしたことがきっかけでした。

小さな頃から正義感が強く、何事にも融通が利かない幹之佑の真面目さが裏目に出たことが原因です。

私自身もイギリスでの寄宿舎生活を経験した人間なのでよく分かりますが、海外の学校は日本以上に肉体的な暴力だけに限らず、言葉の暴力に対しても非常に厳しい措置をとります。

帝京ロンドン学園も、イギリスの伝統的な寄宿学校の一つであるという誇りから、日本の学校の基準にくらべて処分が厳しいのです。たとえ推薦で大学の進学が決まっていたとしても、当該生徒が問題を起こした場合には退学処分も辞さない対応をするほどです。日本の名門校といわれる学校の身内にだけ甘い体質とは正反対です。

この時ばかりは学園も日本の甘い体質だったらよかったのにと思いましたが、学園が生徒の学業だけでなく、性格形成にも責任をとるという覚悟だからこそ、父親としても幹之佑のこれからの人生に大きな学びに変えなくてはいけない。幹之佑がイギリスで学んだことが無駄にならないようにしようと覚悟が決まりました。

滞在中、幹之佑に話したことは、イートンで私が学んだことでした。

一つは、なぜイギリスの学校は生徒の暴言や暴力への処分に厳しいのかということでした。特に先生に対して求められるふるまいには厳しく、先生に対する暴力の場合は即時退学処分もありうるほど先生の地位が高いことについて話しました。

これは、イートンのようなパブリックスクールの教師は教職免許だけでなく博士号をもつ先生が多いことが理由ですが、研究者だから偉いということではなく、名門校が名門校たりうる理由は、先生こそが知識の象徴であり学校の尊い財産であるということを生徒全員が理解しているからなのです。

私がイートンに在学していたとき、博士は赤、修士は紫、といった具合に位階によってガウンの縁の色が変わり、また、大学やカレッジによってその色のトーンが微妙に変化するように、歴史と風格を感じさせるその姿を尊敬のまなざしで見たものです。貴族の次男坊、三男坊、という先生はザラにいました。ですからイギリスで教育を受けるからには、先生という存在に対して無条件で敬意をもって接しなくてはいけないことを改めて話しました。

もう一つは寄宿舎生活の掟です。これは「友達は売らない」ということです。帝京ロンドン学園に入学するときにも幹之佑に話しましたが、改めてその本質について話しました。少々の悪さをしたクラスメイトがいても、自分から教師や学校に告げ口することはしない。それが仲間の信用にもなるということです。イートンに入学する前もオーストラリアの伝統的な男子校であるクランブルック校で過ごした私だから息子に伝えられることがあるのです。

正義感の強さが幹之佑の長所ですが、時にはその正直さや真っすぐさが命取りになることも知らなくては世の中を生き抜くことはできません。妻の経験と私の経験、息子にはそれぞれ二人の経験を伝えることで子どもの視野を広げることができます。どちらが正しいとか、よいとか悪いとかではなく。

この時、私ははじめて父親の役目とは何かを少しつかめたように思います。

特性のある子どもの父親は、自分自身も特性をもっていることがあります。子どもの面倒だけでも大変なのに夫の面倒まで見ていられないということになると、妻から「戦力外通告」をされてしまいます。

しかし、似ているほうが、より子どもの気持ちを理解できることもあるし、子どもの安全地帯になることもできると私は思うのです。

立派な父親になるだけが父親の役目ではない、完璧な父親になれずとも、妻と助け合いながら自分の生きざまに誇りを持ち、私のできる精一杯の父親になればよい、今はそう思います。

子どもを命にかえても守りたい、子どもを大切に思うのは母親だけでなく父親も同じです。

PART
2

学校生活で親ができる工夫

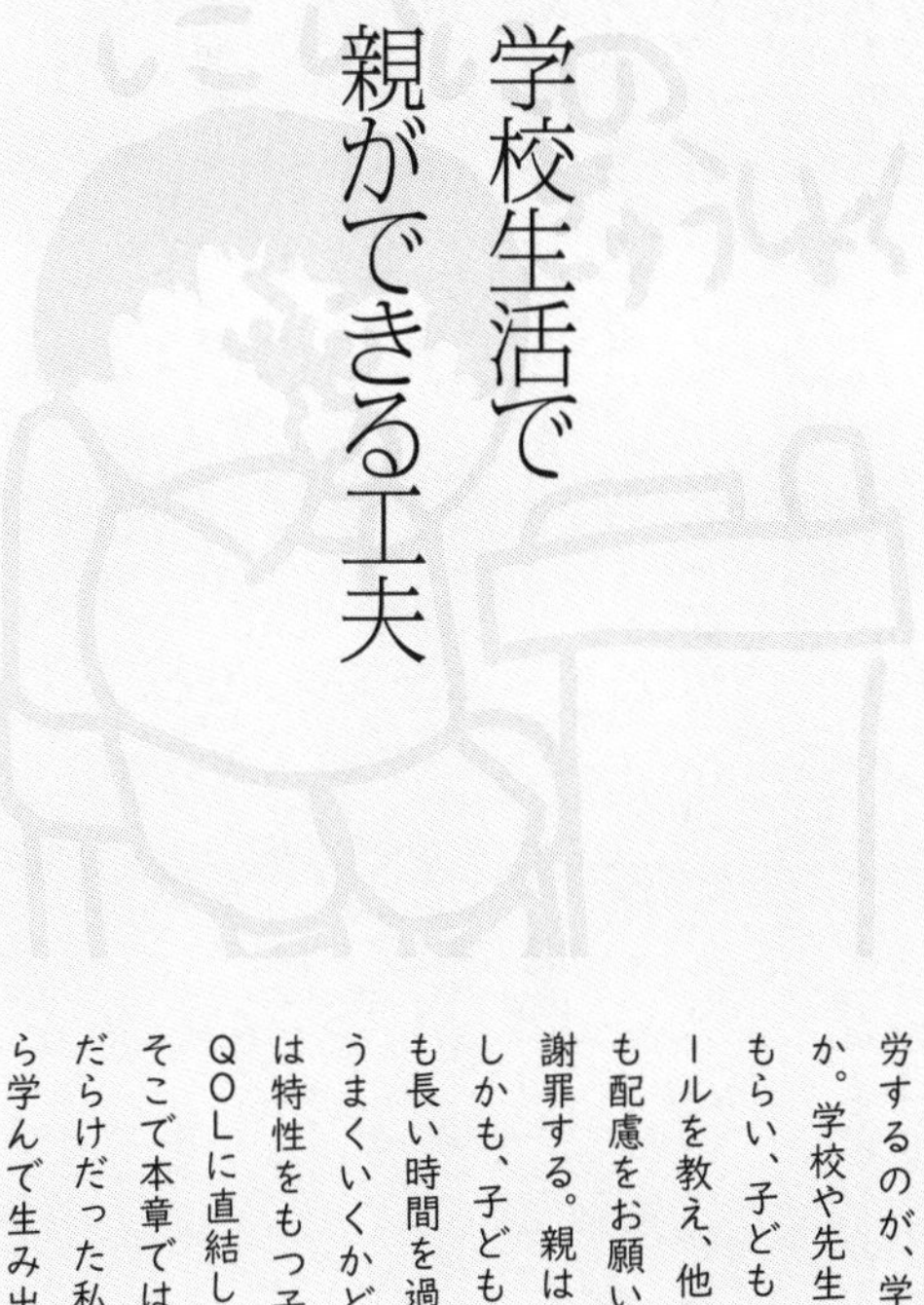

特性のある子どもを育てる上で、一番苦労するのが、学校生活ではないでしょうか。学校や先生にわが子の特性を理解してもらい、子どもにも学校生活で守るべきルールを教え、他の保護者やクラスメイトにも配慮をお願いし、何かトラブルがあれば謝罪する。親は気が休まる暇もありません。

しかも、子どもにとって、学校は一日で最も長い時間を過ごす場所です。学校生活がうまくいくかどうかは、子どもの、ひいては特性をもつ子どもを育てる家族全体のQOLに直結します。

そこで本章では、保育園時代からトラブルだらけだった私たち親子が、数々の失敗から学んで生み出した、学校で「うまく立ち回る」コツをご紹介します。

ヒント17

学校とのお付き合いの仕方

一番のポイントは喧嘩をしないこと

子育てにおいて、わが家と他の家族で圧倒的に違うところは何かと言えば、学校からの呼び出し、連絡の数です。とにかく小さな頃から大なり小なり息子が問題を起こすため「迎えに来てほしい」「今日はこんなことがありました」「こんなときどうすればよいですか」などと携帯や自宅に電話がかからない日が珍しいくらいでした。ですから、特性のある子どもの家庭は、学校といかにお付き合いしていくかということが、暮らしの質を大きく左右します。そのためのポイントは何かと聞かれたら、私なら一番に「絶対に喧嘩をしないこと」と経験者として答えます。

過激な例えだと承知した上で申し上げますが、愛してやまない大切な子どもの生命と身体を学校にお預けするということは、ある意味で、学校を信頼した上で、「人質」を送り出すようなものではないかと私は考えます。戦国武将は、同盟した相手に信を立てるために、大事な家族を人質として差し出したこともあったそうですが、同じような覚悟をしないといけないと思っています。

人質の扱いがよくなるかどうかは、人質自身の言動だけに限りません。それ以上に本国（＝家庭）の振る舞いや、交渉をする使者や交渉官（ネゴシエーター＝保護者）の力量が重要です。万が一、同盟国に不審を感じたとしても、本国が急に武力をちらつかせたり、相手国との交渉でネゴシエーターが激怒したり、感情的に行動したら、人質の生命が危うくなります。

それと同じ状況だと理解せずに、学校にいきなり怒鳴りこんだり、感情的にこちらの言い分だけをまくしたてたりすればどうなるか、冷静に少し考えればイメージができると思います。

ですから親は、学校を子どもにとって心地よく過ごせる場にするためにも、子ども専用の一流のネゴシエーターになるべきだと私は考えています。

順に詳しく述べていきますが、私たち夫婦も、息子のトラブルから、何度学校や先生に謝ったか数え切れません。厳しい言葉で保護者の資質を問われ、学校にとって扱いやすい子、よい子しか学校にいってはいけないのかと理不尽に感じたこともあります。しかし、私たち夫婦はその都度話し合い、「私たち親のプライドなんてどうでもよい。幹之佑を守ることが一番。喧嘩せず、感情的にならないことを絶対に守ろうね」と常々約束し合い、互いに守ってきました。

もちろん、重大な事故や緊急事態が起こることもあります。学校の対応が生ぬるく不満を感じることもありました。けれども、親が事態の収拾を第一に考えて冷静に行動すれば、たいていの場合は喧嘩腰の押し問答になることは避けられました（もちろん、深刻ないじめなど命に関わるようなこと、犯罪行為に対処がなされない場合は手段を選んでいる場合ではありません）。

言葉だけでなく行動も大事

特性のある息子を育てた経験では、何か気になることが起こったときは、迷わずできる限り学校に早めにコンタクトをとることが大切だと学びました。

その際は「家庭での様子で、少し気になることがあるのですが。私の気のせい、気にしすぎかもしれませんが、先生から見て何か最近いつもと違うできごとはありませんでしたか？」と、お伺いの形で連絡をとりました。

ここで先生自身に気付かれたことがあっても、あるいはなかったとしても、「お忙しいとは存じますが、少し気を付けて目を向けていただけると助かります」「見守っていただけますでしょうか」とお願いすると、先生も気持ちよく引き受けてくださいました。さらに、私はこうしたときにもう一押し、先生に日頃の感謝をお伝えすることにしています。特性に配慮していただいた事例を子どもから聞いていれば、そうした配慮を受けて子どもが感謝している旨を具体的に申し上げ、「親としてできることは精一杯お手伝いしますので、どうか子どもをお願いします」とお伝えしました。

また、私たちの場合は、ＰＴＡ主催や学校の行事があるときには最大限足を運び、参加するという行動を通じて学校に感謝の気持ちをお伝えすることも心掛けました。

アメリカの社会心理学者ロバート・ザイオンスは、「接触回数が増えるほど好印象をもつようになる」という心理現象を単純接触効果（ザイオンス効果）と名付けています。

もちろん、先生方は職業倫理的にはどの家庭の子どもも区別はしないように普段から心掛けていらっしゃることでしょう。しかし、保護者と先生の関係であれば、普段から接することが多いほうが心を許してくださる傾向も強まると思うのです。

息子は学校という場で数限りなくご迷惑をおかけしましたが、保護者としてそれを当たり前とは思っていないということ、普段から感謝しているということ。この気持ちは、行動に表れてこそ伝わるものだと思っていました。

特性があり困難を抱える子どものために親ができることの一つは、学校との関係を良好に保つことです。子どもが起きている時間の中で最も長く過ごす場所を整えること。それは病院に通ったり、療育を受けたりすることと同じくらい、いえ、むしろそれ以上に大切なことだと、私たちは経験から学びました。

学校に親がいくのは「権利」と子どもに分からせる

お子さんがある程度の年齢になると「学校来ないでと言われる」と他の保護者の方から聞くこともあります。しかし、私に言わせれば「学校に様子を見にいくのは、保護者の義務や権利であり、子どもが選ぶものではない」という考えです。

あくまで推測ですが、「学校に来ないで」というお子さんには、何か行事があるときに「お母さんとお父さん、いってもいい?」と子どもに聞いていることが多いのではないでしょうか。

この問いかけは一見、子どもの気持ちに配慮したもののように見えますが、親の大切な役割の判断を子どもに任せるという行為ではないかと思います。親がこうした行為を繰り返すことで、子どもは自分に関わることは、全部自分だけの意思で好き勝手に判断してよいと無意識に学び、子どもの人生に関わる大きな決断のときに、親や周りのアドバイスや意見を軽んじ、耳をかたむけなくなる、あるいはまったく聞き入れなくなる恐れがあると思うのです。学校関係での選択については、夕食に「今日は餃子にする？　ハンバーグにする？」という質問をして、子どもの自主性を育てるということとは質が違います。

ですからわが家の場合は、学校の行事のプリントを子どもが渡してくるときに、内容について話しますが、参加不参加には触れることすらありません。

用事と重なり、いけないときだけ子どもに伝えます。子どもが来るものだと思っていて、がっかりさせてはいけないからです。

特性のある子どもの保護者は、ぜひ積極的に学校に足を運ぶことをおすすめします。家庭での姿、学校でのありのままの子どもの姿の両面を保護者が見ていればこそ、学校や先生とより率直にお話しができるようになります。お仕事や様々なご家族の事情で難しい方もいらっしゃると思います。けれども、子どもの一生を考えて何とか時間をひねり出そうとするご苦労は、毎回いけずとも親の誠意として子どもに伝わるはずです。そのためにも、どうか大切な親の役割を子どもに安易に譲らないようにしていただきたいと感じます。

と、偉そうに申し上げましたが、わが家でも小４の宿泊行事で送られてきたはがきに「ひろこさん――」と息子が書いており、ぎょっとしてあわてて子どもが親に出す場合の手紙の書き方を教えたという失敗もありました。

境界線の存在、社会において自分の置かれた立場や関係性によってふるまいを変える必要があること、人との距離感を教えるのは、療育や学校ではなく、家庭の役割です。

子どもからNOと言われ、学校に様子を見にいきたくてもいけなくなったと嘆く方の悩みを見聞きし、相談を受けたこともある私からも、学校生活をよりよいものにするために、ぜひこの一線は守りきっていただきたいと願っています。

幹之佑VOICE　人によって対応を変えられない

おふくろのことを手紙で「ひろこさん」と書いたことについてですが、僕のようなASDの特性があると、手紙の書き方やメールの出し方、話し方などは相手によってパターンが異なるのだと教えてもらわないと身に付けることはできません。

ですから、ぎょっとしたときには頭ごなしに怒らずに、こういうものだよ、と日常の話のついでのように教えてもらえると嬉しいです。特性があったとしてもプライドだってあるので、バカにされたと思うと、怒りたくなったり自信をなくして落ち込んだりするのです。

ヒント18 学校をリスペクトしながら要望ははっきりお伝えする

「お母さんには負けました」

「学校と絶対に喧嘩しない」というと、いつでも卑屈に先生や学校の顔色を窺っているかのように思った方もいるかもしれません。この点について、実は当初はそうした態度だった時期もあったのですが、少しずつ私の考えや行動も変わっていったので、ご説明したいと思います。

「お母さんには負けました」という言葉は、小3のときに、千代田小では3組と呼ばれていた支援級から通常級に移動が認められた際、当時3組の担任の先生に言われた言葉です。

入学時に支援級に在籍するということについては、保護者として入学前から希望していた形の進路ではありませんでした。息子が入学する直前の支援級は、知的クラスとして運営されていました。それが、特別支援教育の制度変更で、息子の代から急きょ情緒のお子さんを受け入れるということになりました。知的のお子さん、情緒のお子さんがともに在籍することになるのですが、両者で必要な支援は違うため、特性に応じた支援が受けづらくなることで、息子がトラブルを起こしかねないと心配していました。

通常級と支援級の2択に、どちらが息子の将来にとってベストなのか分からず保護者として本当に苦しみました。しかし、就学先を決める際、母である私は完全に蚊帳の外に置かれ、そうした思いは胸の内にぐっとしまいこみ、保育園の意見を基に区と学校で決めた結果に従うほかありませんでした。

自分なりの意見としては、「興味関心がたくさんある息子には、学習内容がより多岐にわたる通常級のほうがあっているのではないか」と思っていましたが、同時に何か申し上げて公立からも見捨てられたらもうどこにも行き場がなくなってしまうと考え、主張できませんでした。最終的に、「通常級か支援級のどちらかを選んだとしても6年間そこで過ごし続けないといけないわけではない。行き来できる」ということだけ何とか確認し、非常に消極的な理由で決定を受け止めたのです。

何より「通常級に在籍してもできないことだらけの幹之佑くんは問題行動ばかり起こすだけで居場所がないですよ」と言われたら、それ以上何も言えませんでした。

事実、息子は入学後に支援級にいるときも、3年生で通常級に転籍してからも、ずっと問題行動を起こしていました。ですから、息子が学校に在籍できたことはありがたいことなのだ、区の判断に意見を言うなどおこがましい、ましてや文句なんてとんでもない、感謝をしなくてはならないと考えるようにしていました。

実際に入学してみると、3組は少人数で、ほぼ個別指導に近い形でおこなわれました。受け入れ態勢も整っており、補助の先生の数も十分だと感じられました。しかし、これだけ環境が整っているにも関わらず、息子は入学当時から問題行動ばかり起こし、毎日学校から呼び出されては早退させられることになります。

この子は、一生自分の力で生きることはできないのかもしれない。そう弱気になっていた頃のことです。

何度も顔を合わせるうちに、同じ年に支援級に入学したお子さんのお母さまたちと少しずつ言葉をかわすようになっていました。そのお母さまに、「うちの子、毎日問題行動ばかりで、学校に迷惑をかけて申し訳ない」とこぼしたところ、「当たり前でしょ。支援級が合わないから、居心地が悪いんだよ。幹ちゃんはその不満を言葉にうまく出せないから問題行動を起こして伝えようと必死なんだよ」と言われたのです。

息子のことをそんなふうに他の保護者の方が見ていたのだと知り、とても驚きました。それまでは、周囲に迷惑をかけてばかりの息子の親なのだから、不満をもってはいけない、ましてや先生に意見を言うなんてもっての他、と思っていた私は、支援級の保護者会でも極力控えめにし、誰かと積極的に親しくなることは避けていたところがありました。

息子は3歳でインターナショナルの幼稚園に入園したのですが、初日で退園処分となり、親子で途方に暮れたことがあります。その後、公立の保育園に入れていただいたのですが、当時は無園児のままでいることを考えたら置いてもらえるだけありがたかったと感じていました。先生に毎日嫌味を言われても、息子が他のお子さんにかみつかれたりひっかかれたりして毎日のように生傷をつくって帰宅しても、文句を言ってやめさせられたらと毎日先生の顔色を窺っていた保育園時代を思えば、支援級の環境は母子ともにこれ以上望みようのない場所だったのです。同じように肩身の狭い思いをしている親御さんなら共感してくださる方も少なくないのではないかと思いますが、特性のある子どもの親が感じている、学校に対する「申し訳なさ」「やり場のないつらさ」というものは、底なし沼のように深いものではないかと思います。

さて、そのお母さまのお言葉を冷静に受け止めて改めて他の保護者の方々を見てみると、皆さま積極的に先生にお願いをし、ときには自分の意見を堂々と述べる姿勢が見受けられました。

私から見たら、「え〜、そこまで言ったら、モンスター・ペアレントと見られてしまうのでは？」と思えるような内容もときにはありました。

「そんなことまで言っても大丈夫なの？」と聞いた私に、「え？　西川さんとこ、千代田区民になってもう何年も税金おさめているんでしょ？　千代田小の保護者って越境している人が半分くらいで、区民のほうが遠慮するのおかしくない？」（※当時の千代田区は保護者が千代田区内に勤務している場合に越境が認められるなどの特別な配慮がありました）、「だって最後に責任とるのは親である私なんだよ？　子どものために頑張らないでどうするの？　幹ちゃんは今のままでいいの？　満足しているの？」と逆に質問責めにされたのです。「すごい！　みんな強すぎる」と思うと同時に、親としての自分のへなちょこさを痛感させられ、何よりも世間体を気にして息子が望むことを親として汲み取れていなかったのではないかと深く反省させられました。

必要な支援は違っても、求める環境はどの保護者にも共通する

支援級の保護者の方々の経歴やバックボーンは様々でした。しかし、学校という場においては少数派である支援級の子どもと保護者は、言うべきことは伝える、きちんと声を上げることが重要であるということ

は、皆さま共通して理解されていたように感じます。少数派である分、背景は違えど保護者は協力しなければ、なかなか目を向けてもらえない現実があることも、私は支援級の保護者の仲間たちから教わりました。

どうしたら今ある環境を息子にとって少しでも居心地のよい場所にできるか、そのことを一番に考えて、私も皆さんと一緒に行動しよう。必要な支援方法は子ども一人一人違うけれど、保護者として求めるべき環境は同じなのだから、と考えるようになりました。

その後、他の保護者の方やお子さんたちとの連携や頑張りもあり、息子の代で支援級から通常級に転籍が認められるという千代田区初の前例をつくることができました。

当時の私は、転籍が必ず正しい判断だと、１００％の自信をもっていたかといえば、やはりそうではありません。新たな環境に踏み出す不安もありました。でも、私自身の人生をかけて、息子が通常級に移動したことが誰の目にも正解だったと受け止めてもらえる日が来るように死に物狂いで努力し続けていこうと心に決めて、学校に転籍の要望をお伝えしました。

インクルーシブ教育が必要なのだと教育委員会や学校に理解してもらうには、前例がなくては難しいです。あとに続く世代のお子さんたちのためにも前例をつくりたい。大げさではなく、もし失敗したら親としてお詫びに切腹するくらいの命がけの覚悟をもって要望を出しました。

冒頭の先生の言葉は、そんな私の気迫を受けての発言だったのかもしれません。

あのときお話を聞いてくださった先生の表情は笑顔で、どこか晴れ晴れとした表情でした。私にとって先生のお言葉は、ご褒美のお言葉として今も記憶に残っています。

当時の手帳に私が書いたメモがあります。
・２０１１年５月25日　みきのすけが「もう心配ないよ」と私に言ってくれた日
・２０１１年７月８日　幹之佑　通常級判定が出た日
自分を無理やり納得させることにばかり気持ちを向けて、世間体を気にして学校によい親だと見られたくて、ひたすら謝ればよいと思っていた私は母親失格でした。息子が本当にどうしたいかという一番大切なところに心を向けられるのは、この世界に親の私たちしかいないのです。このことに気付いてから、私は息子の一番の味方になろうと覚悟ができたように思います。

７月８日は、くしくも私たち夫婦の11年目の結婚記念日でした。一生忘れることのできない、幹之佑からの最高のプレゼントです。

幹之佑VOICE　気持ちを理解してくれた母

当時の僕はまだ小さかったので、このような話が出ていたことは知る由もありませんでした。しかし、僕は入学してすぐに通常級に移動したいと思うようになりました。当時は、うまく言葉で伝えられませんでしたが、その気持ちは母が一番理解してくれていたと思います。転籍がかなえられたのは、一緒に頑張ってくれた母のおかげです。とても感謝しています。

ヒント19

他の保護者の方々とのお付き合いの仕方

程よい距離感が心地よかった

私が息子の子育てを頑張れた理由の一つは、節目節目でよきママ友との出会いが得られたことが大きいと感じています。

ママ友といっても、一般的なママ友のように、ランチをマメにしたり、グループになったり、お互いの家を行き来したりとか、子ども同士を遊ばせたりするような密な関係ではありません。

同じ年にPTAの○○役員で一緒だったとか、同じ学年やクラスの保護者のお母さまといったつながりで、連絡先は交換しているけれど、学校で会ったら立ち話をするくらいの、遠すぎず近すぎずのお付き合いです。

もしかしたら、もっと親しく家族ぐるみでお付き合いさせていただくこともできたかもしれませんが、今振り返っても、このくらいの距離感でよかったように感じています。

なぜなら、特性のあるお子さんの保護者が抱える悩みは深いため、あまりにお互いの悩みを知り過ぎると、今度は子どもや家庭環境をくらべるなどして、「わが子は遅れているのではないか。わが家のやり方は間違っているのではないか」などと考え、さらに余計な悩みを抱えることになりかねないような気がするからです。人それぞれだとは思いますが、私にとっては、あまり深く子どもたちの特性や状況を共有しあうのではなく、軽く情報交換しあえるくらいが、心地よい距離でした。

わが子の特性などは関係なくお付き合いさせていただく

ママ友とのお付き合いで心掛けていたことの一つに、特性のある子の親だからと卑屈にふるまったり、無駄に傷ついたり、逆に開き直って過剰な配慮をお願いしたりしないようにすることです。わが子の特性の有無とか、環境とか関係なしに、皆さまとオープンに、自然体でお付き合いさせていただければと願っていました。

ありがたいことに、皆さまとても気さくにお付き合いくださって、特性のあるお子さんのお母さまからだけでなく、定形発達のお子さんのお母さまからも、子育てのヒントをたくさんあたえてもらったように思います。

私は実家の新潟県三条市で里帰り出産し、その後息子が生後3か月で新宿区から千代田区に引っ越しました。そのため、千代田区のことや学校について、まったく知識がありませんでした。

そんな私に、ママ友のお母さま方は、各区立小学校の特色や教育環境、区内には大きく「番町カラー」と「神田カラー」があって住民の個性が違うこと、施設やサービス、区議会議員さんのこと、さらには、ここには書けませんが、古くから住んでいる千代田区民なら皆さま知ってるトリビアやゴシップなど、様々な情報を教えてくださいました。私は皆さまに、名実ともに真の千代田区民に育てていただいたと言っても過言ではありません。

保育園時代には、ぐったりしたようすの私に「区のベビーシッターサービスは保護者会や仕事、保護者が通院するというもっともらしい理由がなくても、『自己実現』という理由で利用ができるんだよ。『自己実現』って求職のための資格取得とかでなく、習い事とかジム通いでもよいいんだよ」とか、毎日謝ってばかりの私に「区が入園を認めているのだから安心して預ければよいいんだよ」「保育園は仕事をするお母さんだけの場所じゃなく、子育てが大変な理由で入ることもできるんだよ」「ママが元気になることが子どもの幸せになるんだよ」などと声をかけてくださりました。皆さんのお言葉に、何度救われたことか分かりません。

特に、息子が初めての子どもだった私にとってありがたかったのは、上にお兄さんやお姉さんがいらっしゃるお母さまからのアドバイスです。上のお子さんが通学区域内外の小学校に通っているお母さまから学校のカラーや校内の様子など色々なことを教えていただいたからこそ、千代田小学校に通うことに対して、前向きに受け止めることができました。

千代田区は中学受験をする家庭が多い土地柄ですが「中学は男子校がおすすめだよ」とおっしゃるお母さまがいらっしゃいました。理由を聞くと、男子校の中には、生徒同士は手を伸ばした距離よりも近づいてはいけないという校則があるところがある。これはケンカの防止だけでなく、肩を組んだり、腕をまわしたりしている姿はじゃれていたり、仲良くしているように見えても、実はされている側が苦痛に感じていたり、いじめ行為になったりしている場合もあるため、トラブルの未然防止になる。という答えが返ってきました。

特性のある幹之佑の存在を認めてくださり、「こんな校則があるくらい男子なんて喧嘩ばっかりだし！」と言ってくださるお母さまからの言葉には、本当に勇気づけられました。

また、他のお母さまからは、手が出て加減が分からない子は、感情的になっていないときに父親とプロレスごっこをするとよいと教えていただきました。絶対に触れてはいけない急所や、これ以上続けると喧嘩になるというタイミングを理解することができるというのです。早速わが家でも夫が息子とプロレスごっこをするようになり、これが息子にとって相手や自分の痛みを理解するのに役立ったようです（メガネを壊されて夫が大人気なく怒ったことは内緒にしておきましょう）。

麹町中学校では息子の運命を変える出会いもありました。ＰＴＡの役員をご一緒したお母さまと運動会でご挨拶をしていたら、ご主人が夫と司法試験の修習所時代の同期であり、さらにご子息が留学する予定であることが分かり、これをきっかけに幹之佑は留学を考え始めます。ちょっとしたご挨拶が、人生まで変えるできごとになるのですから、特性のある子の親は肩身が狭いからできるだけ定型発達のお子さんの保護者とは距離を置こうとか、人付き合いは苦手だからやめておこうなどと決めつけないでよかったと思います。

もちろん、長い学校生活の中では当然ながら気が合わない方や、わが子のトラブルに対し、直接や遠まわしに嫌味や意地悪を言う方もいらっしゃらなかったわけではありません。でも、これはどんなコミュニティーでも起こり得ることですし、自分自身だって、無意識で気遣いが足らず誰かを傷つけるような言葉を言ったことや、イラっとするようなことをしたことがあったかもしれません。つまりは、子どもの特性の有無とか、環境とかは、親同士の人間関係には関係ないということです。

周りに迷惑をかけていると思うとどうしても消極的な気持ちになったり、変に気を使い過ぎてしまったりしますが、自分が心を開くことでよき出会いがもたらされることもあることを、ぜひ知っていただきたいと思います。

幹之佑VOICE　学校から帰るとクタクタになっていた母の記憶

おふくろは僕のために先生たちだけでなく、学校の保護者の人たちとのお付き合いにとても努力してくれたと感じます。僕が大変だったから、周りからはいつも白い目で見られていただろうに自分から入っていくことはすごく勇気が必要だったはずです。学校行事とか何かあると帰宅後にものすごく疲れた様子なのも、おふくろなりに僕のためにすごく頑張ってくれているんだと感じていました。

ヒント20

学校全体、他の子どもや保護者の利益にかなうかも考えて要望を伝える

「小学校時代は暗黒時代」の真意について

息子は自著で小学校時代を「暗黒時代」と記しました。この点について、読み方によっては小学校時代にお世話になった方々を傷つけてしまうかもしれないと心配していました。特に、麹町中学校に入って工藤先生と出会ってからの学びが息子を大きく成長させたことを書くほど、千代田小時代の大変だったことや上手くいかなかったことが強調されてしまうからです。いわば、麹町中時代に光が当たれば当たるほど、意図せず他の部分の影が濃くなってしまうのです。

しかし、発刊後のインタビューを通して、「自分の言葉で何が嫌で、どうしてほしいか上手く伝えられなかったことで周りに誤解をあたえ、暴言や問題行動で傷つけたり、迷惑をかけてしまったりしたことを今はとても後悔している。その意味で、自分の人生の反省点として小学校時代を暗黒時代だと書いた」と話している言葉を聞き、母として「息子なりにきちんと整理し、選んだ言葉だったんだ」と腑に落ちた気がしました。

発刊後すぐに当時からお世話になった先生や、書籍でお名前を出させていただいた主事の山口和夫さんな

ど、関係者の方々にご報告をかねてご挨拶に伺ったのですが、当時の息子をよく知る先生方が大変喜んでくださっただけでなく、現在の千代田小の校長先生である渡邉光一先生もとても好意的に受け止めてくださり、私の心配が杞憂であったことも分かりました。改めて当時の発達支援センターの先生方、教育委員会の先生方、保育園と千代田小の先生方には本当にお世話になったこと、親子ともに非常に感謝をしていることをお伝え申し上げます。

新潟という地方出身の私は不勉強もあって、東京の教育制度や価値観について色々な面でよく分かっていませんでしたが、息子が小学校入学後には、東京都民の方々もそれぞれが在住する自治体への地元愛が強いことを知りました。特に千代田区民の公立学校への信頼は非常にあついものがあることは、そこで初めて実感しました。

千代田区内には私立の幼稚園は4園、小学校はたった3校しかありません。一方で区立の幼稚園とこども園は計8園。小学校も8校あります。他の区にくらべると子どもの数が圧倒的に少ないにも関わらずこれだけの学校の数を運営していけるのも、根本にある公立の幼稚園や小学校に対する区民の皆さんの期待度や信頼度がいかに高いかという証明のように感じます。

特におもしろいと思ったのは、区内の他の学区のお母さまとお話しする機会があると、皆さま自分の子の学校が一番！　という学校愛にあふれたお話しをされることです。

保護者は「お客さん」ではない

他のお母さまにも負けず劣らず、私自身も千代田小愛にあふれていると自負しています。

私が千代田小の自慢をするなら、千代田小は神田のど真ん中にある学校で、ここで育つ子はちゃきちゃきの江戸っ子になれること。学校に見守りで来てくださる町会（神田では町内会とはいわず伝統的に町会と言います）のお年寄りの皆さまの江戸弁が、子どもの頃から抱いているイメージそのものでかっこいいこと。運動会は神田明神の氏子衆である町会の会長さんがいらして神田一本締めでおひらきになること。千代田小のプール開きは、校長先生がお神酒とお塩で清められてからはじまること。古くから神田川とお堀に囲まれた場所柄、毎年プール終いの日には、水難事故防止のために着衣泳の特別授業があること。などついつい熱く語ってしまいます。

私は、学校に愛着をもっているからこそ、堂々と要望や改善点をお伝えできるようになったのだと考えます。

先述した通り、私は入学当初、学校によく見られたいと思って、言いたいことを伝えることができませんでした。息子の希望をひたすら学校に要望し続けるのも、単なる親のエゴ、わがままなような気がして、どうにも気が引けたものでした。

でも、それでは息子は苦しむばかりです。そこで私は、自分が要望したいことは、「定型発達、特性のあるお子さんすべての子どもや保護者、学校全体の利益にもかなうのか」ということも考えることにしました。

つまり、保護者として学校に望む行為が、他のお子さんの椅子を奪うような椅子取りゲームではなく、むしろ椅子を増やす行為になるかどうか、を考えるようにしました。

特別支援だけが大事なのではなく、特別支援も、他の子どももみんな大事なのです。

私は、息子が支援級から通常級への移動を希望していることをお伝えして、実現していただきました。これは千代田小で初めてのケースとなりました。今までは通常級と支援級への転籍は、前者から後者への一方通行しかなかったのですが、道が相互通行になったことで、入学時に支援級か通常級かで悩むご家庭の方にとって、選択肢を増やす前例となったはずです。

敬愛する工藤勇一先生は「学校はサービス業ではない」とおっしゃっています。学校と子ども、学校と保護者の関係は、お店とお客さんのような関係にはなり得ません。保護者も学校をつくる一員なのです。

私たち夫婦は、このような考えで、息子の小学校時代も中学校時代も、しばしば学校にお邪魔していました。お子さんが通学されている学校に不満を抱いている方もいるかと思います。不満を抱くことは全然ネガティブなことではありません。一方で、ただ不満をためこむのではなく、学校や地域を自分事として捉え、自分たちで改善していこうという気構えで、学校に関わることで道は開けていくのではないかと思います。

幹之佑VOICE　僕の神田への愛着

千代田小では、ほとんどの行事で「神田一本締め」をおこなっていました。今でも、一本締めといわれると、神田一本締め以外は一本締めではないと言いたくなってしまいます。千代田小での6年間がなければ、おっさんばかりの印象が強いといわれている神田のよさは理解できなかったと思います。

ヒント 21

家庭で先生の悪口は厳禁と考える理由

問題児の親だからこそ気が付いたこと

私は電話が少し苦手です。息子がトラブルを起こして、呼び出されていた日々を思い出すからです。とにかく小さな頃から大なり小なり息子が問題を起こすため、迎えにきてほしい、今日はこんなことがありました、こんなときどうすればよいですか、と、携帯や自宅に電話がかからない日が珍しいくらいでした。

担任の先生から電話がかかってくるときは、発信元は当然、学校の電話番号なのですが、時間帯は放課後もずいぶんと過ぎた18時以降、遅いときは20時を回ることもありました。

毎回電話を受けるたびに感じたことは、トラブルに対する「どうしよう、困ったな、本当に申し訳ない」という気持ちもさることながら、先生がまだこの時間まで学校にいらっしゃるという事実への驚きでした。

息子のトラブルのせいで帰宅が遅くなったのでしたら、いや、たぶんその可能性が高いはずですので、本当に土下座をして謝りたい気持ちです。しかし、「先生、こんなに遅いお時間まで学校でお仕事なのですね」とお聞きすると、「教師にとってはいつものことですから」と当然のようにお答えなさる先生方の激務に、ただただ頭が下がるばかりでした。

授業や学級経営だけでなく、色々な資料づくり、会議への出席、PTAの行事、保護者対応、部活動顧問まで。でも、どの先生方も、私たちに接してくださる際は疲れた顔を見せずに、笑顔で対応してくださるのです。

近年になって教員の長時間労働は報道などでも問題視されるようになりました。しかし、人一倍迷惑をかけている子どもをもち、人一倍学校に伺う機会も時間も長かった私は、大分以前から、自分の目で先生方の勤務の実態というものを見ておりました。

ですから、工藤勇一先生が著書にたびたび書かれている、「子どもたちのために、という最上位目標の実現のためには、まず教員をとりまく環境の改善と改革が最優先に求められる」「学校の働き方改革」に深く同意するのです。

私がこんなことを申し上げるのは、教育の現状に危機感を覚えているという面もありますが、一番は、保護者としてわが子の幸せを考えたとき、まず先生方にも一個人として幸せになっていただく必要があるような気がしてならないからです。

息子が幼い頃、私は「息子の成長が第一で、自分のことは後回し」と思っていました。けれども、自分を犠牲にすればするほど、自分が今大変なのはすべて息子のせいだと責任転嫁をしたくなるのです。自己嫌悪に陥り悩んでいた私はあるときから、自分がまず幸せであることが息子の安心や成長につながるのだと気付きました。

なぜなら、息子が嬉しそうな姿を見せるのは、息子と感情や体験を共有したときや、私が自分のためにも時間を使うことで笑顔になれたときだったからです。母や妻である前に、私が一人の個人として幸せで満ち足りていて笑顔だと、息子や夫も喜んでくれました。自分を大切にすることは周りよりも自分を優先しているように見えますが、まずは自分のコップの中の水を減らさない限り、他人の分の水まで受け入れる余裕などできないのです。

ですから先生にもまずはご自身を大切になさってほしいと感じます。先生がご自分を大切になさって笑顔でいることで、子どもたちも安心できます。そして、子どもたちも自分を大切にしていいということを、家族以外で一番身近な大人である先生から学ぶと思うのです。

こんな考えにもとづき、私は最大限の尊敬の念とともに、ささやかですが教師である前に一個人としての「幸せ」につながるように願って、次の3つの心構えを胸に、先生方とお付き合いさせていただいてきました。

①子どもから先生の話をたくさん聞くこと

まずは、家で息子から先生のお話をたくさん聞くようにしました。家で息子の話をしっかり聞くことが、まわりまわって先生のご負担を軽くする、という考えからです。

ここで細心の注意を払ったのは、子どもが学校や先生に不満を述べても、親が乗っかって同じように悪く言わないようにするということです。

千代田小学校の保護者向けの集まりで、副校長先生が「子どもたちに学校と先生の悪口を聞かせないようにお願いします。何かあれば直接言ってください」とお話しされたことがあります。子どもたちは信頼している親の言うことをそのまま信じます。学校への不満や文句を子どもの前で話さないようにすることは、とても大切だと、私も非常に共感しました。

ただ、もし現実に担任の先生が子どもから見て、言い方は悪いですが「はずれ」だったとき、保護者はどう子どもと話すべきなのでしょうか。

「一年だけの辛抱だから我慢しなさい」と声をかけるでしょうか。親が先生の肩をもって「先生はあなたのためを思って叱ってくださっているのよ」と声をかけるでしょうか。

私は、こうしたときに、意見を発するのではなく、同意も否定もせずに、ただ息子の言い分をたくさん聞くことに徹しました。正直、理不尽な先生の行為に怒りを感じたこともないとは言えないのですが、親が子どもの言い分だけを一方的に聞いて鵜呑みにし、裁判官のように判断することは避けるようにしています。その場にいないからこそ、先生の行動の真意を100％汲むことができないからです。

息子からは、文句の言葉をたくさん聞きました。私から見て、そこはちょっと言い過ぎ、思い込みが過ぎるかなということも、とりあえずすべて聞きました。

辛辣できつい言葉が出ても、止めませんでした。息子が思っていることを、傍観者もいない空間で正直に口にすることを禁じる権利はないからです。むしろ、息子の学校であり、息子の担任の先生だからこそ、息子が不満を感じる権利があると考えていました。先生や学校に、愛情があり、何か望んでいる、期待している気持ちがあるから、息子は不満も感じるのです。

「学校に対してそんなことを言ってはいけない。入れてもらえるだけありがたいと思わなくては」などと言って、思っていることを表現することすら禁じたら、息子をどんどん追い詰めたことでしょう。

言いたいだけ言えば、本人もすっきりするときもあるし、親から見てこれは改善してもらったほうがよいと思うこともありました。改善点については、息子に「先生が悪い」とは言わずに、先生に直接ご相談をして、問題が見つかればお願いすればよいだけです。また、息子は、先生の成績の評価のつけ方に不満を抱くことが度々ありました。その際は、先生にどうしたら成績を上げることができるのか直接聞きにいかせるようにしました。

②改善していただけたことはすぐにお礼を伝える

二つ目は、日ごろからマメに感謝の言葉を伝えるということです。①でも書きましたが、私は改善してもらったほうがよいことについては、保護者として躊躇せずに先生にお伝えしました。正直に明かせば、当時は特性への理解がある先生は少なく、「特性のある子への合理的配慮」についてというよりは、息子に対する先生や他のお子さんの言葉や接し方についての「要望」をお伝えすることが多かったです。周りに迷惑をかけまくる問題児である息子でしたが、だからといって息子の人格を傷つけるような言動を許してよいとは思わなかったからです。

こうしたお願いをしたときは、息子が学校から戻ってくると学校や先生がすぐに動いてくださったかどうか確認をしました。そして対応していただけたと分かれば、連絡帳やお電話などを通じてすみやかにお礼をお伝えするようにしました。打てば響く、行動したことに結果が表れることは誰にとってもとても嬉しいことです。

③ありがたいと感じたご対応は上席の方にもお伝えする

三つ目は、よいことほどできるだけ上に報告する、です。

世の中はクレームほど上に報告する傾向があるように感じます。お店でもよく見かける光景ですが、何か気に入らないことや許せないことがあったときに、「上司を出せ」とか「上に報告してやる」と恫喝まがいのことを言うクレーマーが多いです。しかし、文句を言うときだけ「上司を出せ」とか「上に報告してやる」というのは、私にはとても不公平な感じがします。

私は担任の先生や、様々な先生から息子がお世話になったとき、息子がとても喜ぶようなありがたいできごとがあったときほど、直接先生にお礼をお伝えすると同時に、校長先生や副校長先生、学年主任の先生にご報告をするようにしました。

いじめの対応などの、大きな問題が起こったときに迅速に最善の方法でご対応いただいたときは、教育委員会にお礼をお伝えしたこともあります。よいこと、嬉しいことがあったときは、できるだけ多くの人と喜びを分かち合いたいですし、日ごろの頑張りや努力が認められる世の中であってほしいからです。

私立でしたら寄付という形で気持ちを表すこともできるのかもしれませんが、公立の学校の場合、お礼を伝える方法は言葉しかありません。もし、読者の方の中で、学校生活でお子さんに嬉しいことが起こったときは、ぜひ迷わずに嬉しい気持ちをできるだけ新鮮なうちに、先生や学校にお伝えしてほしいと思います。

幹之佑VOICE　学校外の先生の様子が見えると嬉しい

僕は先生にはたくさん心配や迷惑をかけてしまいましたが、おふくろと同じく先生には幸せでいてほしいと思っています。僕は学校の授業の合間に先生たちがしてくれる雑談が大好きでした。学校の中の顔だけでなく、先生にも学校以外に生活や世界があること、僕たちみたいに子どもの頃があって色々なことを考えていることを聞くと、自分たち生徒は先生に管理される家畜のような存在ではなく尊重されていると思えましたし、先生も自分と同じ一人の人間なんだと感じられました。

ヒント
22

悪いときはとことん謝る

謝るシーンでも先生は一番の相談相手

息子は特性による感情の揺れの大きさにより、小さい頃から教室内で様々なトラブルを頻繁に起こしてきました。

こうしたトラブルの中には学校で本人が謝罪するだけでなく、ご迷惑をおかけしたお子さんのご家庭に電話をして謝罪すること、学校でお会いして謝罪することもたくさんありました。

特性のあるお子さんをもつお母さまが書かれた本には、お子さんを連れて相手方の生徒さんのご自宅に伺って謝罪に訪れた、というお話が出てきますが、私は幹之佑とご自宅にうかがって謝罪した経験はありません。

これは、息子の学校ではプライバシーの観点から個人情報が徹底して守られていたことが理由です。息子が保育園に入園しても、各家庭の住所が分かる名簿の配布はありませんでしたし、保育園や学校の家庭訪問もありませんでした。

息子は、小学校は通学区域外に通いました。加えて区外から越境している子どもたちも入り混じっているため、同じ学年のお子さんたちがどこから通学されているか、6年生頃になってから何となく分かってくるという感じでした。ましてやご自宅が分かる方はごく一部の親しいお母さまくらいで、自分の判断で謝りにいくなんてことはとてもできる状況ではありませんでした。おそらく、予告もなく謝罪に伺ったら、誠意どころか常識がないと言われてしまうことになったと思います。

ですから、私の対応は、子ども同士のトラブルで何かあったら必ず学校にご相談をする、ということが大前提になっています。

私の子ども時代の三条市のように、地域によってはプライバシーにうるさいことはなく、ご自宅をご存知の間柄もあると思います。何をおいても子どもとともにご自宅に伺うことが誠意のあらわれであるというお考えのご家庭もきっといらっしゃるはずですし、一方で、ご家庭によっては家に来られるのは気まずい、直接会いたくないというご家庭もあるかもしれません。

相手の親御さんがどんな方かよく知っている場合は、直接謝罪に伺うこともよいかもしれませんが、どんなご家庭か分からない場合は慌てて動くのではなく、まず担任の先生にご相談をしてから保護者としてどう動くかを判断されたほうがいいでしょうし、先生も事後報告をされるより助かるとお感じになるのではないかと思います。

夫が弁護士の仕事の愚痴で、「相談なく突っ走るクライアントほど事態を余計に悪くして、事後報告。そこからの後始末は大変」と言うのです。夫の知り合いの弁護士の先生方も、ご自分のことを他人のしりぬぐいばかりしている「便後紙」と自虐的におっしゃるのをよく聞きます。弁護士は職業柄トイレットペーパー役も覚悟の上かもしれませんが、教師は子どもたちが自ら学ぶ力をつけるために導くことがお仕事なので、やはりどんなときにも保護者は「ほうれんそう（報告・連絡・相談）」を心掛けるとよいのではないでしょうか。

それにしても、私たちは学校でどれだけ親として謝ったことか。ご迷惑をおかけしたお相手にも申し訳ないですし、思い返すだけで気が重くなります。しかし、私の謝り続けの人生経験が、もしかすると特性のあるお子さんの子育てで悩んでいる読者の方に役立つかもしれませんので、ここで書き記そうと思います。

学校で子どもがトラブルを起こして相手方に謝罪するときの極意は次の6つです。

①担任の先生から事情を聞いたら、まずは先生に教えていただいたことに対する感謝の気持ちをお伝えする。

②わが子に非があれば、相手方に誠心誠意謝罪の意思があることを先生にお伝えする。

③こちらから相手方に直接連絡をとってよいか、先生に確認をとる。先生によっては、親から謝罪をしなさいという意味での連絡ではなく、学校でこのようなことがありました、すでに解決済みです、という事後報告の意味でご連絡を頂戴している場合もあるため、親が勝手に突っ走らないように、必ず確認を怠らない。

④相手のご家庭によっては、保護者が直接連絡することを嫌がる場合もある。その場合は、先生が再度相手方に連絡をされて「謝罪されていました」とお伝えしてくださるなど、間に入ってくださる場合もあるため、先生のご判断を仰ぐようにする。また、謝るだけでなく、保護者として他にできること

はないかご相談する。

⑤電話での謝罪のあとは、学校行事で保護者の方にお会いしたときに、改めて謝罪するようにする。保育園や学校などが仲介してくださり、直接謝罪ができる場合は、翌日など、なるべく早い時間を設定していただく。

⑥子どもにも翌日学校で、本人の口で再度謝るようにさせる。

ご迷惑をかけたのであれば、謝らないという選択は、西川家にはありません。親も子もひたすら謝ることに徹します。「お互い様」という理論を謝る側が持ち出すこともタブーです。「お互い様」を持ち出すときは被害者になった場合のみです。謝るときは「……だけど」のような、自分はそのつもりがなかった、というような言い訳は一切せず、相手にも非があるような物言いにもならないように、「息子が100%悪い」という態度でただひたすら謝ることにしていました。中には一回や二回の謝罪で許してくれない方もいます。でも、許してくれないことを不満に思わずに、許さない相手を責める気持ちは手放すよう心掛けました。

子どもは親の謝罪する姿からも学ぶ

徹底的に謝る理由は、もちろん相手方へお気持ちを伝えることが第一ですが、実は、息子への教育の一環でもありました。

よく、「ごめんね、は？」「いいよ、は？」と、子どもに謝罪と和解を押し付ける大人がいます。こんな経験をすると、大人になって謝罪する立場に置かれた際、「何で謝っているのに許さないんだ」と責める心が出がちです。私も最初はそんな気持ちを隠すのに必死でした。

しかし、わが子には、自分が謝るべき場面で開き直るような態度をとってほしくありません。言葉の使い方、自分の行動がどう周りに受け止められ、結果をもたらすかを、学校という場で実践して学び、自らの判断で行動できるようになってほしいと願っていました。

ですから、相手が「しつこいな。もういいよ！」と怒り出すくらい、謝ろうと決めていたのです。

トラブルがないほうが親は楽です。しかし、他人との距離感を推し量るのが苦手な息子は、トラブルからでしか人間関係を学べません。そんな息子のために、親の私ができることの一つが、心から謝ることでした。謝ることは、勇気が必要です。米つきバッタのように謝る私を、母親としてこの子は情けないと見るだろうか、と悩んだときもありました。

でも、先日、初めて登壇者として呼んでいただいた講演会で息子はこんなことを言いました。

「ペコペコ謝る人はバカにされると思いますか？　いじめられると思いますか？　僕は行動して学びました。自分から謝れる人のことを周りはバカにしません。自分が間違っているのに謝らない人を周りの人は見下すのです」

繰り返しになりますが、私ができることは、ひたすら謝ること。そして、今後同じようなことを起こさないためにとことん子どもと向き合うことだけです。

親の私が子どもの非もすべて受け入れようとしていた覚悟が、知らず知らずに息子の心にもちゃんと届いていたことをとても誇らしく思っています。

幹之佑VOICE 僕が変わるまで謝り続けてくれた両親

両親には自分のことでどれだけ周りに謝ってもらったか分かりません。そんな自分が大嫌いでした。そして、自分とトラブルになる生徒のことも許せませんでした。でも工藤先生と出会ってから、相手を嫌ったり、自分を嫌うだけでは何も変わらないこと、嫌いな人がいることや怒ってしまう自分の感情を少しずつ認めることを教えてもらい、少しずつ自分を変えることができました。時間はかかるけれど、人は変わることができると大人の皆さんに知ってほしいです。僕たちをダメな奴だとどうか見捨てないでください。両親には、僕が変わるまで、ひたすら謝ってくれたことを本当に感謝しています。

ヒント23

「自由すぎるわが子でごめんなさい」という最強のフレーズ

「幹之佑くんって自由だよね」

この言葉は、小学校の通常級で他のお母さまから声をかけられたときのものです。今思うと、支援級から通常級に移り、毎日問題ばかり起こしているに私たち親子に対して閉口しておられ、嫌味をおっしゃったのかもしれません。そう言いたくなるのも当然なくらい、皆さまにはご迷惑をおかけしましたので。

しかし、子どものときから、いえ、大人になった今でも、一週間くらい人の皮肉に気付けないこともある私は、当然ポジティブな言葉として受け止め、「よくぞ気付いてくださいました!」くらいの勢いで感謝した次第です。お母さまが嫌味でおっしゃったのだとしたら「さすが空気が読めない息子の親だけあるな」と内心引いたのではないかと思います。

親も子どももも傷つかない魔法のフレーズ

さて、お母さまに言われたこの「自由すぎる幹之佑くん」というフレーズですが、その後、私たち親子の人生において、大活躍する最強のフレーズになりました。息子がどんな子か、学校の先生以外にお伝えするときに、このフレーズがとても分かりやすく非常に役立つのです。

例えば、新学期、クラス替えをした最初の保護者会で一人ひとりが挨拶する場面。

「西川幹之佑の母です。息子は相当ぶっ飛んだ子です。よく言えば自由な子、悪く言うと難しい子です。私も必死で息子に向き合っていますが、目が行き届かないところもあるかと思います。ご迷惑をおかけすることも多々あるかもしれませんが、親子で精一杯努力しますので、どうかよろしくお願いいたします」

このようにお話しすれば、大体の親御さんは、特性のある子なんだな、と理解してくださいます。言う側である親の私の心も傷つきませんし、何より言われる側の息子も傷つけないで済みます。

その後も運動会や行事などで他の保護者の方とご挨拶がてら立ち話をするときも「うちの子自由すぎて、本当に本当にご迷惑をおかけしてごめんなさい」と、あらゆる場面でたくさん使った言葉でした。

深刻な謝罪の場面では軽すぎる言い回しですが、ちょっとしたときにはこのくらいの軽さのほうが、言われる側にも負担にならないようでした。

今でもこの言い方を教えてくださったお母さまには感謝しています。

自由すぎる幹之佑くん伝説を一つ。帝京ロンドン学園の1年生の終わりのことです。卒業生を送る会で「寮では先輩にはたくさんお世話して差し上げました」という、前代未聞の滅茶苦茶な敬語のスピーチをした後輩である息子。会場中が一瞬で脱力。その後は大爆笑に包まれ、親は冷や汗をかいたこともよき思い出です。

幹之佑VOICE 子どもを尊重する言い方をしてほしい

僕は学校や先生に具体的な配慮を求めるための特性名のカミングアウトは必要なことだと思いますが、僕の意思も確認せずに親が先回りして周りに言っていたら傷ついたと思います。それは親でも触れてはいけない僕自身の人権という最後の砦だからです。自分の情報をどうコントロールするかについては本人の意思に任せるべきだと思います。小さいときほど親は子どもを自分の所有物のように扱いがちですが、僕たちは親が生んだ子どもである前に一人の人間なのです。おやじもおふくろも小さい頃から僕のことを一人の個人として扱い、周りから守ってくれました。成長して自分で判断できる時期まで待ってくれたこと、人格を尊重してくれたことに感謝しています。

ヒント24

特性のあるわが子には最適だった公立学校の公平なサポート

公立か私立かという選択肢

特性のある子の進路の選び方については、お子さんお一人おひとりの特性や個性、性格、また家庭環境や保護者の教育観によって何が最善か異なります。そのため、これから述べる息子の学校選びのお話は、「こういう経験をしたよ」という先輩ママのつれづれ話を聞く感じで、あくまで参考の一つとして読んでいただけますと助かります。

ごくごく限られた範囲しか知らない私の感想ですが、義務教育における特性のある子の進路は公立を選択することが安心だということでした。

現在は、特性のある子どもへの配慮を打ち出す私立の幼稚園や小学校も少しずつ増えています。しかし、近くにない場合は引っ越さなくていけません。学費も高いですし、同じような悩みをもつ多くのご家族も入園・入学を検討されていることでしょう。困っているご家庭同士、それも子どもが小さい頃から私立に入れられる経済的な余裕があるご家庭と少ない受け入れ枠を取り合うわけですから、ハードルは高いと言わざるを得ません。それに、入った後には、退学という最悪の事態も視野に入れて過ごさなくてはいけません。

こうしたことも加味して、わが家の場合は公立にお世話になりました。結果、行政の発達センター、教育委員会、学校との連携に加え、地元の医療機関の情報も得やすく、とてもよかったと思います。

千代田小学校、麹町中学校へ進学するに際しては、私が学校にお伝えするより前に情報が共有されており、息子の保育歴や指導歴などの情報をもとに配慮を受けることができました。千代田小学校のときにいらした指導員の先生が、麹町中学校に勤務なさっておられたことで、息子の安心感につながったことも非常にありがたかったです。

また、学校の制度のことや、特性のある子に対する行政の補助などについて疑問があれば、支援センターに聞きにいくこともできましたし、ときには区役所や教育委員会まで質問に訪れましたが、必ずきちんと対応してくださいました。

行政の素晴らしいところは、すべての住民を公平に扱おうとすることです。親の職業や立場に関係なく、域内の公立学校に通う子どもたちを公平に取り扱ってくれます。とても当たり前のことではありますが、例えば夫の出身校であるイートン校（私立）の場合、開かれた「パブリックスクール」と言いながらも、卒業生は子どもが生まれると受験資格を登録できるなど、親のステータスが関係してくるというのが事実です。一切選別をせず、子どもを公平に扱うというのは、日本の公立学校の大きな財産なのだと感じました。

ただし、行政外に目を向けると、公平でないことも存在しました。被害妄想かもしれませんが、保育園の保護者の中には、あからさまにわが子と違う小学校に進んでほしいといった態度を見せる方もいらっしゃいました。息子がご迷惑をおかけしたことや、同じ学校に問題児がいることは極力避けたいだろうことも理解できますが、人がもつ感情というものの前には、法律で定める「差別禁止」という文言とはいかに無力ではかないものだろうかと、法律を学んだ一人として寂しく感じたものです、

その意味でも、公立の学校はすべての子どもたちを見捨てない最後の砦であり続けていただきたいと願っています。

公立学校で実感した地域の方々のサポートのありがたさ

もう一つ、公立を選んでよかったと思うことがあります。地域で見守ってくださる方々とのつながりをもてたことです。

例えば、千代田小学校で主事をしていらっしゃった山口和夫さんもそのお一人です。息子の著書にも書いてありますが、小学生のときの幹之佑の特技は「脱走」で、何か嫌なことがあるとすぐに教室を飛び出していました。飛び出した際の行き先の一つが、話を聞いてくれる山口さんがいる玄関でした。

学校に先生以外の信頼できる大人がいることで、息子がどれほど安心できたことか。地元に根付き、地域住民との交流がある公立校だからこそ得られたサポートだと感謝しています。

山口さんは２０２２年10月にあった息子の初めての講演会にわざわざ駆けつけてくださり、息子のことを

どのように見つめてくださっていたのかお手紙にして渡してくださいました。とてもあたたかな目で見てくださっており、教職員全体で子どもを見守るという地域の雰囲気もよくあらわれていると思いますので、許可を得て、抜粋してご紹介させていただきます。

本日は講演会おめでとうございます。幹之佑君と会うのはとても久しぶりです。本を出されると聞いてびっくりし、また、著書を頂き、涙が出るほど嬉しかったです。私は千代田区の職員として45年間主事の仕事をし、今もなお千代田小で子どもたちと向き合って仕事をしています。幹之佑君、千代田小学校、3組（※支援級のこと）にくるとき、どんな子なのかなと職員皆で話をしていました。幹之佑君が入った年は3組は9人もいて、この頃が一番大変な時だったかもしれませんね。

3組の子どもたちには、私の顔と名前を覚えてもらって、信頼関係ができる経験をしました。あるとき、3組の子どもから「カズオー、カズオー」という声が聞こえました。覚えてもらえたのかと、とても嬉しかったです。

私たち主事は先生とは立場が違いますが、先生も私も子どもから多々教わることが多かったです。幹之佑君は毎日がいやでいやで戦いの日々だったのかな？　そんな幹之佑君などから学んで、今も職員全員で取り組む決意で仕事をしています。

最後に、幹之佑君とお母さまの体験やお話が、広くたくさんの人の役に立ちますように、職員全員でお祈りしています。

幹之佑VOICE 「地元」は自分の支えの一つ

千代田区の方々には、本当にお世話になりました。公立学校にいかなかったら、交流は生まれなかったと思うので、とても感謝しています。僕が本を出した後は、麹町中学校の前にある山下書店さんに「本を置いてください」とお願いしに伺いましたが、昔からお見かけしていたおじさんとおばさんがお元気で働いていて、そして麹中を卒業した僕が本を出して挨拶に伺ったことをとても喜んで歓迎してくれて嬉しかったです。成人式でも顔見知りがいないかもという不安がないことも地元の学校に通ったよさでした。

ヒント25 受験は家族一丸で戦う

少人数制よりも2クラス以上ある学校のほうがよいことも

多くの特性のあるお子さんとその保護者、特に学習に困難のあるお子さんと保護者にとって、とても頭が痛いのが、高校進学だと思います。私たち親子も、果たして受け入れてもらえる高校があるのか、中学を卒業したら行き場がなくなるのではないかととても不安でした。母の私は、中学入学後から高校受験の準備をしたのでは間に合わないと考えて、息子が小学校高学年の頃から、あらゆる高校の情報を調べるようになったほどです。

東京都の場合、現在はすべての公立高校で発達障がいの生徒の受け入れ環境を整備していますが、当時はまだこうした方針はありませんでした。詳しく調べてみた結果、一般的な全日制の学校のほか、公立なら「チャレンジスクール」や「カレッジスクール」と呼ばれる高校が、私立なら通信制の学校が受け入れる体制を備えているといったことが分かりました。

また、これは千代田小学校の他のお母さまから聞いたのですが、入学後に学校のサポートが手厚いことで出口を見ると生徒の学力の伸びがとてもよいという「お得校」という学校もあるそうで、そうした学校の中にも、特性のある子どもを受け入れるところがあるのではないかという情報を得ました。

ここでは、特性のある子どもにとって、どんな高校がよいかということは申し上げません。前項でも述べましたが、やはりそれは一人ひとりの個性に応じて、まったく異なるからです。

それでも一点だけおすすめを申し上げるのならば、特性のある子は少人数制がよいと思われがちですが、できれば一学年に2クラス以上ある学校のほうがよいと感じます。気の合わないクラスメイトがいたときに、クラス分けで配慮をしてもらえるからです。1クラスしかないと、メンタルが弱いほうが不登校になるなど排除されてしまいます。少人数制もよいことばかりではないです。

息子の場合は、中2のときに、英国にある在外教育施設に留学したいと言い出し、目標となる進路が定まりました。

西川家は外国語で生計を立てる人物が多く、夫も含めて代々留学を経験してきました。そんな伝統にならって息子も小さな頃から英会話教室に通うなど英語に親しんできたことは確かです。でも、自分の特性を自覚する息子が、中2で留学という発想にいきつくとは、私たち夫婦も想定外でした。

留学を決意した息子は、最終的に帝京ロンドン学園に志望校を絞ります。私たち夫婦も息子が受験を決めて初めて知ったのですが、帝ロンをはじめとした在外教育施設といわれる学校は、偏差値で合否を判断しません。一応このくらいの学力は最低限もっていてほしいという下限はありますが、決め手にはならないのです。こう書くと、学費さえ払えば誰でも入れるかのようですが、まったく違いました。

10代の子どもたちが親元から離れて遠い外国の寮で生活するということは非常に大変なことです。学校の勉強についていくだけでなく、3年間、寮で生活する能力と努力義務が必要となります。

そのため、入学試験では、本人が3年間留学生活を送る資質・能力を備えているかを面接やあらゆる場面で厳しくチェックされることになるのです。まさに偏差値ではかることのできない要素です。

それからの息子の頑張りようには、目を見張るものがありました。苦手な小論文に必死で取り掛かり、内申点を上げるために各教科の先生のもとにどうしたら成績が上げられるか自分から聞きにいきました。真面目に続けていた部活動（茶道部）、委員会活動（保健委員）、ボランティアの清掃活動に加え、自分の強みとしてアピールできるものを増やしたいと、それまでも受験を続けてきた英検だけでなく、ニュース検定、漢字検定にもチャレンジし、英会話の勉強により身を入れるようになりました。そして、晴れて合格を掴むことができました。

受験を通じてさらに団結を高めたわが家

ここからが本題です。

ここで私は、息子が努力して試験に合格したことを自慢したいわけではありません。息子の頑張りを後押しすることになった秘訣があるので、これから入試に挑む保護者の方とお子さんにお届けします。

それは、「断ちもの」、つまり、願いがかなうまで「○○をやめる、しない」という願掛けです。「そんな非科学的なことを言われても」と戸惑った方も多いと思いますが、もう少し話を聞いていただけると幸いです。

「断ちもの」は、一番好きなものをやめるとよいとされています。私は子どもの頃から「ファッション通信」という番組でパリコレを見るのが楽しみで、服には並々ならぬ思い入れがあるのですが、息子が留学を決めて入学するまでの2年以上、服を買うことを一切やめました。また旅行もやめ、外食も控え、子どもにかかわるもの以外の生活費は徹底的に節制しました。これには倹約して留学費用の足しにするという現実的な計算もあったのですが、受験勉強で不自由な生活を送っている息子を言葉で励ますだけでなく、行動で寄り添う姿勢を示すことで、息子とさらには夫と娘にも、母の本気度を示すという目的がありました。

私がショッピングや旅行、外食を控えるためには、当然夫や娘にも協力してもらう必要があります。正直、最初は私もかなりつらかったのですが、夫や娘に「お兄ちゃんが合格したら、外で食事しよう」などと話すうちに、家族全体で息子の合格を願い、応援する雰囲気ができあがっていったのです。

わが家のモットーは「家族はチーム」です。受験生と母親だけでピリピリしてしまうご家庭もあるようですが、私たちは、楽しいことも苦しいことも全員で共有します。息子が合格したときは、文字通り家族全員で抱き合って喜びました。息子の受験を通じて家族の団結はより強固になったと思います。

わが家の場合は、「断ちもの」で家族の団結力を高めましたが、方法は何でもいいはずです。特性のあるお子さん一人で受験に立ち向かうのは、心身ともにかなりの負担となりますので、ぜひ家族で団結してサポートして、希望の進路を切り拓いてもらいたいと思います。

幹之佑VOICE　おふくろの行動で自分も覚悟が決まった

おふくろがこの時期に様々なことをやめて、僕の願いを叶えようと行動してくれていたことは一生忘れることができません。覚悟を決めたときの潔さを行動で見せてもらったことで、僕自身も様々な自分の楽しみをやめて入試に専念することができました。おふくろと僕の変わりように一番驚いていたのは新潟の祖父母でした。

ヒント
26

大学選びは専攻や環境を熟慮して

オープンキャンパスを体験して志望の学部を変更

中学時代から、息子が志望していた大学の学部は「危機管理学部」でした。不謹慎に思われそうですが、息子は小さな頃から航空、鉄道、安全保障、宇宙開発、炭鉱や原発などのエネルギー、建築、自然災害などの幅広い分野の事故や被害に異常なほど執着しており、原因を調べたり、調査報告書を読んだりすることに、興味を持ち続けていたのです。

もともとある関心がより深いものに変わったきっかけは、東日本大震災での被災経験です。あの日、支援級の卒業遠足で朝から千葉県にあるマザー牧場にバスで出かけ、その帰り道に東京湾を通るアクアラインの「海ほたる」に向かうトンネルの手前で被災したのです。

本人の話では、海上にかかる高速道路が帯のように波打って見えたそうです。バスも大きく揺れ、もう自分は死ぬのだと思い、パニックと恐怖から無意識で着ていた衣服を脱いでしまったと、涙を流しながら話してくれました。

被災後しばらくはＰＴＳＤの症状が続きました。回復後は事故調査への興味はますます専門的になりました。なぜここまで事故調査にこだわるのかと息子に問うと、「過去や歴史を知り学ぶことで、予測が立てられる。知識があれば瞬時にどちらの方法が安全か判断を迷わずに済む。予測を立て、対策をすることで失われないで済んだはずの命や様々なものがたくさんある。自分がもちうるあらゆる知識を使って、日本を守る盾に僕はなりたい」と言っていました。

高1の夏休み、イギリスから戻った息子と危機管理学部のある大学について真剣に調べてみることにしようという話になりました。どこも卒業後の進路の方向性は公務員や警察官・消防士・自衛官への任官や大企業への就職を目指す学生さんが多く、オープンキャンパスにも足を運びましたが、どちらかというと体育会系の空気。団体行動が苦手な息子は自分の特性とはあまり相性がよくないと感じたようで、私も同感でした。

好きなことを学ばせてあげたいけれど、どうしたらよいものかと私も非常に悩みましたが、まずは帝ロンを無事に卒業することを目標にしようと息子と話しあい、大学の学部の決定についてはひとまず保留とすることにしました。

その後、高2の秋のことでした。健康状態や精神面の確認のためにSkypeで顔を見ながら息子と話すことを日課としていたのですが、とても嬉しそうな表情で「政治学科に決めようと思うけれど、よいでしょうか」と相談をされます。

詳しく聞くと、信頼している乳井先生に、志望学部について相談をしたようです。色々と話す中で帝京大学の法学部政治学科の進学を勧められたそうです。政治学科の選択は、親子のどちらも、今まで候補として考えたことすらありませんでしたが、興味のある安全保障や危機管理の分野、近代史、政治史など、大好きなことを学ぶことが叶います。夫とも話しましたが、考えれば考えるほど、政治学科以上に息子に合うものはなく、理想的な学部だと確信がもてました。

また、帝京大学の政治学科であれば、基準を満たしているため推薦枠をいただいての進学が叶いますし、同じ法学部の法律学科は定員375人なのにくらべ、政治学科は100人と少人数。特性のある息子にはちょうどよい規模の学科です。

今の大学生はとても忙しいという事実

これはあくまで私の考えです。必ずしも誰にでも当てはまることではありませんが、特性のあるお子さんでも学習障がいがなく、理系のお子さんの場合は一般試験、かつ偏差値重視で大学を志望されても、入学後もうまくやっていけるケースが多い印象を受けます。

一方で、息子のように文系、しかも学習障がいのある子の場合は、一般試験よりは推薦か総合型選抜での選考方法、かつ偏差値や大学の知名度にこだわるのではなく、入学後に大学生活を送りやすい環境であるかどうかという基準で選ぶとよいように思えます。

息子も高校時代の内申だけを見れば、複数の選択肢がありましたが、偏差値で選ぶことはしませんでした。

私たち親世代のいい加減な大学生活と異なり、今の大学生は勉強に追われることが多いようです。出欠はカードですべて管理され、出席日数が足りないと試験を受ける権利すら失われます。毎回リフレクションシート を提出（手書きの提出が多い）し、従来の大人数での一斉授業に加えて、グループに分かれてのロールプレイングやプレゼンなど、コミュニケーションスキルを求められる場も多いようです。何より単位取得のハードルが上がっていることを息子の話から実感します。

昔のようにバイト漬けでも卒業できるという大学のほうが今は少ない印象です。大学は社会に出る前のとても大切な時期ですから、大学生活でつまずいて自信をなくしたり、二次障がいに苦しんだり、問題を抱えたりしては非常にもったいないことです。

ですから、知名度や入試の難易度で志望校を決めるのではなく、4年間きちんと前向きに学び、卒業できるかどうかを基準に、進路を決めたほうがよいと思います。「偏差値」という言葉はあまり好きではありませんが、ときには、1つか2つくらい試験の難易度を下げて志望校を選ぶくらいの大きな視野で考えることが大切だと思います。

親と子どもだけで何かを決めようとしてもこれといったよい案が見つからないときは、息子にとっての乳井先生のように、子どもが信頼を置く親以外の誰かに相談してみることが物事の打開につながることもあるはずです。進学などの難しい問題、親も判断に悩むようなときこそ、信頼できる人に子どもが自分の言葉で相談し、子ども自身で考える機会にすることで、選択に対し本人の自覚や責任をもたせるきっかけにも変わるのだと、私たちも親子で学ぶことができました。

幹之佑VOICE　乳井先生、ありがとうございます！

帝ロンで乳井先生に出会い、最高のアドバイスをいただけたことで今の僕があるのだと感謝しています。おやじとおふくろも法学部なので、学科は違いますが同じ法学部に進学できたことも誇りに思っています。僕のお気に入りの条文は刑法第81条の外患誘致罪で、日本で最も重い処罰が規定されている犯罪です。

ヒント27

わが子の学校が「世界一」

息子を東大に入れたかった夫

2022年11月26日、息子が現在通っている帝京大学の八王子キャンパスにて、第14回教職大学院フォーラム「子ども一人ひとりの多様性に応じられる教師の専門性とは～発達障がいのある学生からのメッセージをもとに～」というフォーラムが、息子の著書を題材として開催されました。光栄なことに、母子ともに招かれ、パネルディスカッションに登壇させていただきました。

このフォーラムは、帝京ロンドン学園の前教頭先生で帝京大学教職大学院教授の魚山秀介先生が息子の著書を読んでくださったことがきっかけで、特性のある当事者側の視点も取り入れたフォーラムをというご提案をしてくださり、大学運営部の皆様からのご厚意もあり、一学生に過ぎない息子とその保護者も登壇するという異色の形で開催となった次第です。

ちなみに、魚山先生は息子が帝京ロンドン学園に入学する年に帝ロンの教頭職から離れ、帝京大学大学院の教授職に就かれた先生です。息子の高校時代は、ご自身は大学に移られたのに、帝ロンにいる息子のことを何かと気にかけてくださり、夫と連絡をとるなど、３年間見えない部分でたくさんのサポートをしてくださった息子の大恩人です。

幼稚園から大学院まで、医学部、教育学部といった理系文系の様々な学部をもつ帝京大学のグループは縦と横の連携が非常にとりやすいというメリットをもっています。当日も、魚山先生をはじめ、教育と医学を専門に実践と研究をなさっておられる先生方のお話しは学びが多いだけでなく、日本の教育を変えていこうという気概を会場全体から肌で感じることができました。

また、当日は、初等教育学科の教授の金森克浩先生、帝京大学監事の大崎和彦様、政治学部教授の柿崎明二先生、キャリアサポートセンターの阿南克彦様も駆けつけてくださいました。魚山先生以外の皆様は、入学後に本をきっかけとして息子の存在を知ってくださった方ばかりです。

大学が特性のある学生の存在を認めてくださるだけでも保護者として驚きですが、一学生の意見に先生方お一人おひとりが真剣に耳を傾けようと行動してくださる高等教育機関は、日本広しといえど、そうそうあることではないはずです。

この日、誰よりも息子の登壇を喜んでいたのは、父である夫でした。

詳しくは息子の著書に譲りますが、夫は英国の名門パブリックスクールであるイートン校を経て、東大法学部を卒業し、渉外弁護士になりました。私が息子をお腹に宿したとき、夫は、息子にも同じ道を進ませるために、英国でイートン校の受験資格を登録しました。

夫が夢見た息子の進路は、確かに実現すれば親として誇らしい気持ちになるような未来だったかもしれません。率直に申し上げれば、私自身も、周りから「うらやましがられる」ような子どもをもってみたかったな、と思ったこともありました。

「世界一」の学校に救われ続けてきた私たち家族

しかし、息子には特性があり、そうした望みは叶いませんでした。東大入学どころか、幼稚園すら一日で中退した息子。エリートコースを歩み、どんな難関をも突破してきた夫にとって、これは受け入れがたい現実だったかもしれません。かんたんな算数の問題も解けない息子を見て、怒鳴る姿を見たこともあります。

しかし今は、私たち夫婦は、息子とともに歩んできた日々を誇りに思っています。エリート指向だった夫を変えてくれたのは、息子がこれまでお世話になった学校と先生方でした。

これまで述べてきた通り、私たちは、息子が進んだ学校をまずは心から信頼してお付き合いするようにしてきました。もしかしたら、夫にとって、イートン校や東大以外は、大した学歴じゃないと思えるものだったかもしれません。でも、夫と私は「誰が何と言おうと、幹之佑が進んだ学校が、『世界一』だと信じよう。幹之佑の居場所を肯定しよう」と話し合って決めていたのです。

実際に息子が入学してみると、千代田小も、麹町中も、帝ロンも、帝京大も、どの学校も本当に素晴らしく、息子を受け入れてくださり、息子を伸ばそうとともに考えてくださいました。何かと問題や課題が指摘されている日本の学校教育ですが、私たちにとっては、たくさんの素晴らしい出会いがあり、失敗からも成功からも多くのことを親子ともに学ぶことができました。

そうやってあきらめずに向き合ってくださる学校の姿勢が、息子に向きあう夫の心も変えてくれました。小学生時代のいじめで先生や学校に不信感を持ち続けたまま大人になった母親の私の心をも変えてくれました。

息子を通じて、麹町中学校で工藤先生、帝ロンで魚山先生といった素晴らしい先生方と出会い、学校という存在に親である私たちも救われてきたのです。教師という存在に苦しんだこともある私たちが、今度は教師の力、学校のすごさを世の中に訴えているのですから、本当に人生とは不思議なものだと思います。

もしもお子さんが親である自分の期待していたような学校に進学できなくても、お子さんの選んだ道が世界一だと言ってあげてほしいと思います。学校の批判は、自分が批判されるのと同じくらい、いや、それ以上に子どもの心を深く傷つけるはずです。子どもは自分を変えられたとしても、自分の学校を変えることはできないのですから。

例え、子どもが学校を嫌いだと言ったとしても、親が学校を批判することもしないでほしいです。そんなダメな学校しかいけない自分がダメなんだ、と子どもは自信をなくしてしまいます。

万が一、何らかの理由で学校を辞めたり、転校することになったり、あるいは就職した先を辞めたりしたら、批判をするのではなく、ご縁がなかったね、という言葉をかけてあげてほしいです。子どもの人生のすべての過程を、親として何一つ無駄はなかったと受け止めることが、子どもの自信につながると思うのです。

100人いれば、100通りのお子さんに相応しい学校がある、現在、私たち夫婦はそう考えています。千代田小も麹町中も帝ロンも帝京大学も、息子にとっては世界一素晴らしい学校です。偏差値や知名度だけで、学校のよし悪しを判断する時代ではありませんし、浪人をして大学受験をした私のように回り道をする人生があってもそれもよいのです。選択には正解も不正解もありません。選んだことを正解にできるような、そんな子どもに育ってほしいと願っています。

幹之佑VOICE　ここはノーコメントです！

おふくろの言葉は嬉しく、僕も自分が在籍する・してきた学校に誇りをもっていますが、ここはノーコメントです。なぜなら、僕にとって学校は、社会に出てよりよく生きるための学びの場であって、そこに入ることを人生の目標にするのは違うと思うからです。僕が学校で学んだことを生かして社会で誰かのために役に立てたとき、僕にとって出身校は「世界一の学校」になるのかもしれません。今はまだこれは実現していないので、僕からは何も言えません。

幹之佑君がやってきた！

精神科医　西松能子

幹之佑君が学んだ千代田小学校には、7人もの校医がいます。千代田小学校は、歯科医や整形外科医など各科の校医がいる学校で、私は児童精神科を担当する精神科医として月1回訪問しています。千代田小学校には、連携している保育園からの情報も入ります。入学前から小学校では「大変な子がいて、その子は千代田小学校にくるんだって」と戦々恐々としていました。幹之佑君には、保育園時代にすでに児童精神科医が関わっておりました。保育園では気に入らないことがあると飛び出してしまう、大声をあげるなどの行動上の問題があり、特別支援学校への入学を勧められたと聞いていました。

小学校入学直後から担任はクラス運営で困ることが多く、何回も相談がありました。担任の先生から、些細なことでカッとなって暴れる、大声で叫ぶので、どうしたらいいのか分からないので本人に会ってほしいと言われ、1年生の秋に初めて幹之佑君に会いました。幹之佑君に初めて会ったときは、支援級の「3組さん」に在籍していました。幹之佑君は、はっきりと「3組にいたくない」と訴えました。幹之佑君は、3組から通常学級に移りたいと切望していました。

T病院での検査の結果ではコミュニケーション障害、衝動のコントロール障害や書字困難などが問題であり、知的な問題はありませんでした。幹之佑君は「書くのは不得意だけどパソコンなら打てるし、勉強はできる」と言い、

「3組の勉強は物足りない」とちょっと上から目線で訴えました。検査結果を検討し、校医として、3組から通常級への転級を働きかけることとしました。当時の校長や養護の先生と、幹之佑君のような子どもにとって3組の授業をどう感じられるか話し合いました。衝動のコントロールの悪さ、怒りのコントロールの悪さが教室運営へあたえる影響も検討しました。幹之佑君とは腹が立った時にどうしたらいいかを話し合いました。

幹之佑君が、私が運営する「あいクリニック神田」に初診したのは、2013年9月3日、9歳、3年生の時です。すでにT病院やS神経クリニックなど、著名な病院で診察や検査を受けていましたが、「学校の校医の先生に見てもらいたい」というお母さんの希望で来院しました。幹之佑君は、通常級に移りましたが、授業中でもやりたくないことがあると、教室を飛び出してしまったり、友達とのやり取りで困惑すると、怒り出したりしていました。初診直後の一番の課題は、運動会でした。みんなで協調しておこなう運動会は、幹之佑君にとって難題です。頭では分かっていても動作が付いてこず、バランスが崩れて混乱します。そのことをちょっとイヤな言い方で指摘されると、カーッと頭に血が昇ってしまいます。何とかしたい、お薬での治療を開始したいと希望されました。アリピプラゾールを少量から開始したところ、学校でカーッとなるのが少なくなった、落ち着いていられてつらくない、心がすっきりすると訴えるようになりました。通常級での勉強はあっという間にみんなに追いつきましたが、友達とのやりとりはギクシャクすることがしばしばありました。幹之佑君は、その度に落ち込み、悔し涙を流し、むしろ通常級に移ってからの方が心の傷は深まっているように見えました。落ち着いて話すと分かっているのに、テストではケアレスミスが多く、点に結びつきません。当時、お母さんと話し合ったことでカルテに残っている言葉があります。「よいことは褒める。賢いお子さんなので、できて当たり前のことは褒めない。できて当たり前のこと、悪いことはスルーする。見て見ぬふりが大事。幹之佑君から悩みを打ち明けられたら、そこは聴きましょう」とありました。薬物療法の焦点は、衝動のコントロールからケアレスミスの減少、集中力の向上へと移り、メチルフェニデート（コンサータ®）を処方することとしました。

小学校を卒業し、麹町中学校に入学して、すっかり落ち着いてきた幹之佑君に大事件が降りかかりました。幹之佑君は思いやりややさしさが様々な場面で発揮されるようになっていましたが、一方で公正を望む気持ちや正義を求める気持ちが強く、不正や不公平には人一倍怒りを感じるところもありました。ある日、エレベーターの中でカッとなり、自分のもっていた物を投げたら、同乗の高齢女性の足に当たり、大騒ぎになりました。驚くべきことに、すぐに幹之佑君は謝ることができるようになっていたのですが、相手がおさまりません。それでも丁寧に対応することができ、私のところへ意見書を求めて来院しました。「もちろん意見書を書くけど、すごいね、すぐに謝れて！」と成長に感動しました。

今大変な思いで発達障害の子どもたちと関わっているお母さんやお父さんにお伝えしたいことは、発達障害の子供と一括りにしないで、ご自身のお子さんのよいところを見て、褒め、うまくいっていないことはスルーするようにしましょう、ということです。対策はうつけれど叱責はしないと思い定めましょう。どのお子さんにも、必ず成長するチャンスが降ってきます。それをキャッチできるといいですね。

発達障害の子がいるのではなく、一人のわが子がいるのです。学校や社会は平均に焦点を当てていますが、親にはわが子しかいないのですから。

PART
3

学校がつらいときのサポート

特性のある子どもは、学業不振や対人関係のトラブル、先生との相性の悪さ、いじめなど、学校でさまざまな問題を抱えがちです。つらくてつらくて、学校にいきたくないと言うことも少なくありません。息子の幹之佑も、学校でありとあらゆると言ってよいほどのトラブルを抱えて、「死にたい」とまで口にしました。一方で、息子は学校という場を活用して自信をつけていった面もたくさんあります。

今振り返れば、私たちが七転八倒の末にとった対応や言葉かけ、行動などが、「最後の砦」となって機能したのかな、とも思います。苦しんでいる方に向けて、そんな私たちの経験をお届けできればと思います。

ヒント28 大前提は「登校するのはすごい」こと

意地でも学校に通った息子

先日、とある取材の場で、記者さんから「そんなに学校がつらかったのに不登校にならなかったのはなぜでしょう?」と聞かれたときのことです。

息子はしばらく考えて、「う~ん、何でしょう。つらかったけれど、学校にいかないという考えは思い浮かびませんでした。というよりも、正直、負けてたまるかという意地があったからだと思います」と答えていました。

自著にも書いていた通り、息子は小学校、中学校、高校時代、病気などで体調を崩す以外で、自発的に学校を休むということは非常に稀でした。

冗談半分ではありますが、もし私が学校や先生の立場だったら、対応に疲れ果て、内心「できれば不登校になってくれないかな」と思いたくなるときもあるのでは、というくらい弱い部分がありつつも、同時に根性があるのがわが子です。

小学校時代にひどいいじめを体験してから心が折れてしまい、一時期不登校になっていた私から見ると、息子の芯の強さはうらやましく、信じられないほどです。

登校するのは当たり前ではない

現在、多くのご家庭が不登校に悩んでいらっしゃいます。そんな方々に絶対に誤解していただきたくないことは、息子はむしろレアケースだということです。私自身も経験があるからこそ言えますが、登校するというのはとてもエネルギーが必要な行動です。不登校となっても、お子さんは何も悪くありません。

特にブランクが空いた中で登校を再開することは勇気が必要です。ブランクとは病気などの理由や自主的に休んだだけでなく、夏休みや週末も入ります。

後に述べる通り、息子はときにいじめにあいながらも、登校を続けました。私はその姿を見守りながらも、「息子が今登校していることは決して当たり前の行動ではない」と自分自身に言い聞かせていました。そして、学校にいかないと突然言い出しても、絶対に否定しないでおこうと決意していました。

不登校になってしまった子どもが特別なのではなく、登校できる子のほうが特別なのだというマインドでいることで、親の私が、余裕をもって、子どもを学校に送り出すことができるようになりました。

特に繊細なお子さん、特性のあるお子さんは、学校にいくだけで相当頑張っています。ときには学校や保護者から労いの言葉をかけてほしいと、元不登校児の私は願わずにはいられません。

幹之佑VOICE　無理しなくてもOK

僕から言えることは、登校するにしても無理のないようにすることだと思います。無理をしても結局は何もいいことはありません。なので、親の視点からも、僕たちが無理をしていないか普段から見守ってもらえるととても助かります。

ヒント29

「学校が嫌」という言葉の裏を考える

学校が大切だからこそ、学校で苦しむ

息子が学校生活で苦しんでいたときに、学校なんてどうでもよい、いく必要はないと言い切れない私がいました。もちろん自殺したいと言い出したときは、命よりも大切なものはない、つらいなら学校にいかなくてもよいと息子に言いました。

けれども、私は息子とともに過ごした19年間を通し、親という立場として学校という存在そのものを否定することだけはしないようにと心掛けていました。親が学校を否定すればするほど、息子はそんなダメな学校にすら居場所がないのだと自信をなくすと思ったのです。どんな子どもにとっても、学校はよくも悪くも大切な場所であり、子ども時代は学校という存在を抜きには語れないはずです。

大げさかもしれませんが、学校とは子どもにとっては自分の身体の一部くらいに考えている、と受け取ってもよいと私は思っています。そう考えることで、子どもたちがなぜここまで学校という存在に悩み、苦しむのか、学校に受け入れられないことが命の問題に直結するのか、大人でも理解できるからです。

学校＝自分ではないことは、成長につれて子ども自身が理解できるようになります。しかし、それまでは、学校とは子どもにとって世界のすべてであり、自分のアイデンティティーそのものなのではないでしょうか。

「学校が嫌い」というシンプルな言葉に込められた複雑な感情

もちろん、集団行動、一斉授業、画一的な教え方など、学校のシステムそのものに、子どもが適合できないケースもあります。いじめや先生との相性など、環境的な問題を抱えることもあります。

ただ、息子もたくさん不適合を起こし何度も「学校が嫌い」と言いましたが、それは言葉通りではないことのほうが多かったように思います。

特に、特性のある子、言葉でうまく表現できない子は、言葉の奥にたくさんの伝えきれないメッセージがこめられていると、息子を育てる日々で私は学びました。

息子の「学校が嫌い」という言葉は、私なりに解釈すると「僕を認めてほしい」という意味でした。息子は特性や不器用さから失敗を繰り返します。しかし、周囲に理解されないことのほうが多く、ときにはバカにされては怒りを爆発させ、さらに問題行動を起こしてしまいます。

「なぜそんなこともできない？」「みんなやってるよ」などと言われ、自分の存在を否定され続けて、寂しさや悔しさ、自分へのふがいなさ、怒りなど、様々な感情が入り混じっているものの、その気持ちをうまく表現できず、「学校が嫌い」という一言に集約していると、私は不器用にぽつぽつと語る息子の言葉を受け止めました。

親も先生も日々忙しくて、なかなか子どもの話をしっかり聞くことはできません。私もよく、「それで？」「それってこういう意味？」など、子どもの話をさえぎって、結論を急かしてしまうこともありました。

そんなときに、「学校が嫌い」という言葉を聞くと、親としては「じゃあ、いく必要はないよ」と明解な解決策を示したくなります。けれども、息子にとって学校は身体の一部のように大切なものなのだという前提で話を聞くと、息子が求めているのは、そんな単純な「ソリューション」ではないと理解することができるようになったのです。

率直すぎる物言いに誤解も受けやすい息子ですが、特性のある子たちの率直な言葉＝単純な思考なのだと聞き手が受け取ることは、その子の思考を理解する努力を放棄する行為にほかなりません。特性のある子どもは、言葉で上手く表せないからこそ、感情や思考を脳いっぱいに巡らせて、その色々なものが凝縮された直球の言葉、あるいは大胆な行動で表現しようとします。受け手は、その思考のプロセスを想像する必要があると気付かされました。

幹之佑VOICE 「子ども」ではなく「環境」に働きかけてほしい

もしこの本をお読みになっている教育関係者の方がいたら、子どもたちが学校でトラブルを起こしたり、不登校になったりするのは、学校そのものが嫌いだからではないと受け止めてほしいです。僕は学校が嫌でいきたくないと言ったこともたくさんありますが、学校にいけなくなって、勉強が遅れたり、行事に参加できなくなったりすることも嫌でした。おふくろが、その真意を受け止めてくれて、学校を否定するのではなく、何とか僕が学校にいけるように学校や先生に働きかけたりするなどして応援してくれて、本当によかったです。

ヒント
30

よい子じゃなくても学校にいっていい

学校にいくのは義務ではなくて権利

2022年10月10日。特性のあるお子さんの学習や生活をサポートする活動をなされているさくらんぼ教室様のご厚意により、息子は生まれて初めての講演会に登壇しました。

テーマは「学校生活を自分らしく過ごすコツ」。

その中で、自分がなぜ不登校にならなかったのか、ということについて話していました。親として、ここで初めて息子の真意を理解することができたような気がするので、彼のプレゼンから該当部分を抜粋します。

僕のように特性のある生徒さんは、学校から邪魔者扱いをされ続けていて、学校が信じられなかったり、大嫌いだと感じたりする人もたくさんいると思います。僕も学校という場でずっと邪魔者扱いされ続けていました。でも不登校になったことはありません。

それはなぜかというと、学校にいくことは義務じゃなくて権利だということを知っていたからです。

僕の父は弁護士です。母も大学で法学部を卒業して司法受験生をしていました。母は父からの猛烈なプロポーズに根負けして司法試験の受験をやめて父と結婚しました。

そんな母が毎年春になると、僕にしてくれる話があります。

それは、学校から教科書をいただいてくると「この教科書は国民の皆さんがおさめた税金でつくられたものなんだよ。学校というものは、義務教育といわれているけれど、それは子どもにいく義務があるということではなくて、すべての子どもに学ぶ機会をプレゼントする義務が大人にはある、という意味の義務なんだよ。幹之佑は国の大切な宝物だということを忘れないでね」という話です。

この言葉は僕に勇気をくれました。僕が学校で何があっても、不登校にならずに通い続けられたのは、僕が存在することがイコール日本という国の宝物なんだ、と思えたからです。

僕がよい子になったら価値がある、とか、すごい人になったら価値があると、条件付きの話をされていたら、僕は小学校に入学した時点で学校に通えなくなっていたと思います。

だから、もし、問題児である自分は学校に迷惑をかける存在だから居場所がない、とか、学校にいけない、なんて思っている人がいたら、今からその考えをなくしてほしいです。

学校はよい子のための場所じゃないんです。よい子しかいってはいけない場所じゃないんです。

どんなに迷惑をかける存在でも、僕たちは学校にいっていいんです。

学校は怒られるためにいく場所でもないし、反対に褒めてもらうために先生の顔色を伺いにいく場所でもないのです。

学校は、たくさん失敗をしてもよい場所だからです。だから安心して学校にいって、たくさん失敗をして、学ぶ機会にすればよいだけなんです。

今いる学校が合わなければ、別の学校に変わってもいいし、学ぶ方法を変えてもいいと思います。大人になってから大きな失敗をしたら許されません。よいことと悪いことの意味が分からないまま大人になると、取返しがつかないことになります。

そうならないためにも、自分という存在に目を向けて、フォローをしてくれる親や先生という大人がたくさんいるうちに、学校という場所をたくさん利用してほしいです。

特性に合わせて、こうしたら学びやすくなるという方法を家で考えたら、上手くできるかを試す場所として学校を利用してもよいとよいます。

この方法だと上手くいかないんだな、ということを知ることができたら、それが1つ自分の自信になるのです。

やったことがないことにチャレンジすることは勇気が必要です。勇気を出すことはとても大変です。でもチャレンジすると、自分に自信がもてるのです。

工藤先生が教えてくれました。

「学校とは、子どもたちが社会の中でよりよく生きていけるようにするためにある場所なんだよ」と。

だから、僕たちは安心して学校をたくさん利用すればいいんです。

入学時や新学期のはじめに、子どもたちが学校から教科書をいただいてくる度に、私が伝えてきた恒例行事について、息子がちゃんと覚えてくれていたことが嬉しかったです。

特性のある子どもだからこそ、歴史や法律で「学ぶ理由」を確認したい

義務教育において、教科書は無料で子どもに配られます。文部科学省のサイトによると、令和元年度の無償給与に関する予算額は４４８億円。

この無償給与は明治期からの長期にわたる国民運動によって勝ち得た権利であり、１９６３年12月に公布された義務教育諸学校の教科用図書の無償措置に関する法律が元になっています。

「なぜいきたくないのに学校にいかなくてはならないのか」「義務教育という名の押し付けなんて理不尽」と、学校嫌いだった子ども時代の私でしたが、中学時代に本をきっかけに法律の世界に出合って「学ぶことは権利である」ことを知り、以来物事の見方が真逆に変わりました。先人たちの苦労も知らずに、教科書を粗末に扱っていたこと、学ぶことを軽んじていた自分を恥ずかしく思いました。同時に毎日必死で働き、納税している両親が、私たち子どもの学ぶ権利を支えてくれていることにも気付き、感謝の気持ちをもつことができました。

息子に、教科書の無償給付について教えたのも、このときの体験があるからです。

世の中には、理由などなくても「学校にいくのは当たり前」「勉強しなさい」という言葉掛けだけで、自分のために頑張れる子どもたちもいます。しかし、私は無理でした。私の血を引き、特性のある息子も、そんな抽象的で、目的の分からない言葉掛けでは、動きません。理屈と筋道の通った理由付けや動機付けが必要なのです。

息子のケースがすべてのお子さんに当てはまるわけではないですが、「なぜ」を突き詰めて考え、「当たり前を疑う」タイプのお子さんには、歴史や法律、社会の仕組みを分かりやすく伝えることが、したくない↓自発的な行動に変わるスイッチになるかもしれません。

幹之佑VOICE　社会の「法則」が理解できると安心できる

僕のようなASDの特性があると、物事をおこなうために動機付けや理由付けをすると納得できることが多いです。これが「こだわり」というものですが、この「こだわり」は、自分なりのルール付けだけでなく、社会的に認知された法律や法則といった決まりごとにも発揮されます。この僕の特性を生かしておふくろが学校で学ぶ理由やいく理由として歴史や法律を教えてくれたことはすごくよいアイデアだったと思います。

ヒント31

休むときは「甘えではない」と学校にはっきり伝えて休む

休みは睡眠や食事と同じく生きるために必要な行為

長い学校生活の中では、親の目から見て、つらいことがあるのだろうな、精神的あるいは肉体的に疲れがたまっているな、今日は登校しないほうがよいな、と感じるときがあります。こういうときの親の勘はたいてい当たるものなので、息子が言い出す前に今日は家でゆっくりしようかと声をかけるようにしていました。学校を休ませるときは、風邪を引いたとか別の口実を言わないで、「今日は疲れているので休みます」「つらそうなので休ませます」など、そのままの息子の状態を学校に伝えるようにしました。特性のある子にとって休息は、睡眠や食事と同列の絶対に必要な時間だからです。甘えやずる休みではないことを学校に理解してもらうことが、保護者のつとめだと心掛けました。

無理して失敗するよりも休んだほうが結果的にうまくいく

誰にでも経験があると思いますが、疲れがたまったり、嫌なことが続いていたり、何か解消できない悩みがあったりして限界を超えてしまうと、気持ちの落ち込みから何もかもすべてが嫌になって投げ出したくなることがあります。

息子は特性により、元々この限界のレッドラインが低い上に、精神面や肉体面の疲れによってダイレクトに限界の容量がさらに下がってしまうところが特徴でした。

最初は甘えではないかと悩んだこともあるのですが、限界の幅を超えて失敗体験を繰り返すと、負の下降スパイラルからなかなか抜け出せなくなり、ますます事態は深刻化していきます。それよりも、本人の異変を早めに察知して、少しでも早く回復の上昇スパイラルをつくり、安定させることを優先してあげたほうが、長い目で見たときにずっと効率がよいことが体感的に分かったのです。

特性のある子どもたちは、日頃から人一倍の困難に直面し、気が抜けない生活をしています。そんな子どもとって、休むことは食べることや寝ることと同じくらい生きるために必要なことなのだと思います。

幹之佑VOICE 50〜65%くらいの調子を維持し続けるとよい

僕から言えることは前述したことと同じですが、無理をしないことに尽きます。精神的にも身体的にも、自分にとっていつもベストの状態までは維持できなくても、大体50〜65%くらいの調子のよさでいるように、そしてこの状態を長く維持できるように、普段からこまめな小休止を入れることを僕は心掛けています。一人暮らしをするようになってからは、自分は今どんな状態なのかに気付ける人は自分だけなので、ときには夕食を抜いてでも早く寝てしまうとか、授業も毎日入れるのではなく、授業のない曜日をつくって土日以外の休む日を設けるなど、工夫するようにしています。

ヒント32 必要なのは対処マニュアルじゃない

私たちを救ってくれた「一緒に考えていきましょう」という言葉

特性のある子どもをめぐる教育環境は、ときには一進二退のような状況もありつつも、息子が小学校を卒業するまでの6年間で変わっていきました。そのお陰もあり、息子もゆっくりではありましたが、少しずつ成長をしていけたと感謝しています。

中でも一番大きな変化は、千代田小に入学したときや通常級に転籍したときのように、支援センターと学校と区の教育委員会を交えておこなわれた会議が、中学進学時にはおこなわれることがなかったことです。

学区内の公立校から、通いたい中学校を本人の意思で選んでよいと言われたときの、息子の驚きのまじった何ともいえない嬉しそうな顔。今でも忘れられません。

そんな経緯を経て麹町中学校に入学が決まってからのことです。

息子の特性をお伝えすることも含めて、一度保護者として学校にご挨拶に伺ったほうがよいね、と夫と話をしてあらかじめ都合を伺い、入学式前に校長室にお邪魔したことがあります。

この日は、校長先生である工藤勇一先生と副校長の宮森巌先生のお二人にお目にかかることができました。今振り返ると、ご多忙なお二人の先生方が時間を割いてくださることが、どれだけ貴重であったことか。あの日のことを思うと、ありがたくて胸がいっぱいになります。

息子が小2まで支援級に在籍していたこと。2011年9月から区の決定がおりて通常級に転籍したこと。通常級に移動してからも感情面のコントロールが難しく、親子ともに非常に苦労し、学校や周りの方にたくさんご迷惑をおかけしたこと。けれども、少しずつではあるけれど、成長も感じられること。そして何より、初めて自分で選んだ麹町中学校に入学できることをとても楽しみにしていること。

私たち夫婦は、息子のことを先生方に少しでも伝えたくて、そして、心のどこかで問題を起こしたときに先生方を驚かせたくないという、ある種の「保険」をかける思いも抱えながら、かなり前のめりになって、必死に話し続けました。

工藤先生と宮森先生は、そんな私たち夫婦の話を、最後まで丁寧に聞いてくださいました。

私たち夫婦は、先生方のご寛容な態度に非常に安心し、最後に事前に準備していた息子の「取り扱い説明書」のような書面をお渡ししながら、幹之佑が3年間お世話になるにあたり、私たちは保護者として精一杯支えていくと同時に、学校に対してもお手伝いをさせてほしいと申し添えました。

すると、工藤先生は全部聞き終えてから、「何も起こらないうちに心配するのはやめましょう。幹之佑くんがどうしたら麹中での3年間をよい形で送れるかは、その都度、一緒に考えていきましょう」とおっしゃってくださったのです。

そんな工藤先生のお言葉を、おだやかな表情で聞いておられる宮森先生の笑顔から私たちは、「この先生方はこの場を収めるためだけに、こんなことを言っているわけではない」と理解することができました。

トラブル＝成長の場と考える

工藤先生は「僕は特性というものは大なり小なりすべての人がもっているものだと思っているのです。僕も自分で自覚があるんですよ」ともおっしゃいました。

先生は小中学校時代にほとんどノートをとったことがなかったという経験から、子どもたち一人ひとりの学び方には色々な方法があってよいというお話をされたのです。今までお会いした教育関係者の方で、「自分自身にも特性の傾向がありますから」なんて真正面からお話しされる方は工藤先生が初めてでした。

幹之佑は、とんでもなくすごい学校に出合えたのかもしれない。あのとき胸に浮かんだ予感は、今振り返ると予感ではなく直感そのものだったと思います。

特性のある子どもを育てるのに必要なのは、親が用意する「取扱いマニュアル」じゃない。学校は事前にトラブルを想定して対処方法や合理的配慮を準備しておくのではなく、その子の現状に合わせて必要な配慮を柔軟に設定し、試行錯誤をしながらトラブルを乗り越えていくことで、子どもも成長していけるのだ。この日、工藤先生と宮森先生から教えていただいたことでした。

そして保護者も、「学校が何をしてくれるか」というサービスを受けるような受け身の姿勢ではなく、またその逆で一方的に家庭の要望を押し付けるのでもなく、学校や先生方と一緒に考えていくことが必要なのだと気付かせていただいたのでした。

以降、息子が何かトラブルを起こしても、私は「これで、また一つ対処法を考えることができるようになる。親も子も成長できる」と少し前向きな気持ちで向き合うことができるようになりました。

幹之佑VOICE　直接会わなくても身近に感じた工藤先生の存在

麹中での3年間、僕が工藤先生と直接接した時間はそれほど多くはありません。けれども、色々な学校行事、授業、学校生活の中で特性のある僕だけが置き去りにされていると感じたことはありませんでした。子どもと日々直接接する担任や教科の先生も大切ですが、たまにしか合わなくても土台である環境を整えてくれる校長先生の存在も僕たち特性のある生徒が安心して過ごせるようになるためにとても大切なのだと感じました。僕はいていいんだと、工藤先生はつねに見守ってくれました。とても心強かったです。

ヒント33

SOSを出す

「答え」を求められることが多い特性のある子の保護者

工藤校長先生から「一緒に考えていきましょう」と言われて、なぜ私たちがここまで強いインパクトを受けたのか。それは、それ以前の私たちの経験が大きく影響しています。

長年息子を育てている間に、学校の様々な先生たちから一番よく聞かれた質問は、「お母さん、こういうときはどうしたらよいですか?」というものです。

特性のあるお子さんを育てる保護者なら気持ちが分かると思うのですが、この言葉を投げかけられても、「いえ、私も分からないから困っているのですが」としか言えないことが多いはずです。一流の医師でも、研究者でも、療育関係者でも、おそらくこの質問に100パーセント正しく答えられないでしょう。特性のある子どもだって、一人ひとり個別の人格を確立しており、誰であろうと本人以外の他者が、その人格を代弁することなど不可能なのですから。

「この特性の子はこういうもので、こうしたほうがよいと一般的にはいわれています」などとは答えられても、「こうすればよいです」と言い切ることは不可能なのです。

でも、学校の先生は、毎日過ごしている保護者なら答えを知っている、という前提で質問をされます。息子がトラブルを起こして先生に対処法を聞かれた私は、必死になって頭の中の情報や知識、経験などをフル動員して、無理やり何とか答えますが、その対処法が息子の望みに叶っているかは定かではなく、実際トラブルは解決しないことも多かったです。

トラブルが解決しなかったり、質問されて困って答えにつまったりしていると、「ダメな母親だな」という反応を返されたこともありました。

確かに、本人も著書で書いていますが、いわゆる「メルトダウン」とよばれるようなパニックを起こしたときは、頭が真っ白になって何も考えられず、何も手が付けられない状況になります。

でも、時間をかけてじっくり向き合えば、息子は必ず答えてくれました。言葉が拙い頃でも、本人が落ち着いているときであれば、たどたどしい言葉を集めながら必死で自分を伝えようとしてくれました。もちろん、そんな話を聞くのには、とても時間もかかりますし、言葉が分かりにくいので、向き合う側には相当な覚悟とイライラしない根気が必要になります。

息子に真正面から向き合ってくださった先生は、こうしたお手間を厭いませんでした。ですが、このとても面倒で時間も手間もかかる過程を飛ばして、情報だけがほしいと思う先生は「お母さん、こういうときはどうしたらよいですか?」という言葉掛けになると気付きました。

これは信頼できる先生を見分けるポイントにもなったのですが、よくよく見ていると、息子が手に負えない、非常に迷惑していると私に伝える先生ほど、息子という人格を軽んじて、本人に向き合わずとも早く解消する「方法」を知りたがっていたのです。

勇気を出して「武装解除」してみる

こんな言葉をかけられるうちに、私をはじめとして、特性のあるお子さんの保護者の多くは、専門書を読みはじめたり、ネットで情報を必死で探したりして、「武装」するようになるのではないでしょうか。

今回、息子は本を出版してから「公式」のSNSをはじめました。本を出したことである意味「公人」となった息子の言動が心配なので、母の私は投稿するコメント内容をたまにチェックするのですが、すると「おすすめ」機能で同じような特性のある保護者の方のアカウントがたくさん出てきます。

こうした当事者のご家族の、特にお母さんの知識量や読書量には目を見張るものがあります。息子ほどの問題児ではないとはいえ、日々お子さんの特性と向き合い、しかも一人っ子ではないご家庭も多く、熱心に勉強されていて、いつ休んでいらっしゃるのだろうかと心配になります。私も息子が小さいころは、空が白々と明けるくらいまで血眼で情報を検索したり、専門書を読み漁ったりしていたため、そうしたアカウントをお見かけすると、まるで昔の自分を見ているようで胸が締め付けられる思いになるのです。

専門家顔負けの特性理解ではなく、教育熱心というベクトルに向かったならば、おそらく皆さん佐藤ママと同じレベルになれるのではないかと感じるくらいの熱量です。

そうならざるを得ないのは、今の学校のシステムにおいて、特性のあるわが子が少しでも居心地よく過ごせるようにするために、保護者が子どもの特性の専門家にならないといけない、学校からそうした姿勢を望まれるという現状があるからではないでしょうか。私も経験がありますが、先生に方法をいくつも提案できるくらいでないと、結局子どもが不利益を受けることもあるのです。

しかし、工藤先生が、私のこの凝り固まった見方をほぐし、武装は必要ないと教えてくださいました。学校でのことは学校で、直接息子と向き合うとおっしゃってくださったのです。

2022年の文科省の検討会議にて、すべての教員が支援学級の担任を2年以上経験することが望ましいという報告書の案をまとめました。これが実現すれば、特性のある子どもへの理解も進み、「こういうときはどうしたらよいですか?」と質問される先生は減るかも知れません。しかし、先生方全員が特別支援の知見を高めるのには、まだまだ相当な時間がかかるはずです。

保護者の側が常に受け身で、先生方や学校のシステムが変わるのを待つばかりでは、日本の教育はなかなか発展しないと思います。何せ、日本では9年間しか義務教育を受けられないのですから。

皆さんも、勇気をもって先生方に「私たちも困っているので、一緒に考えていただけると嬉しいです」とSOSを出してみませんか。寝る間も惜しむほどに自分自身を追い込んで、武装してきたエネルギーを、少しベクトルを変えて、環境を変えるためのエネルギーに変えることができれば、親だけが必死に背負い続ける「責任」という重荷をほんの少しとはいえ軽くすることができるのではないでしょうか。

そして、もしこの本を読んでくださっている読者の中に学校の先生がいらっしゃったら、どうか特性のある子どもを育てている私たちの思いを知って、寄り添っていただければ幸いです。本当は「先生、一緒に考えてもらえますか」なんて、こちらから気安く言える言葉ではないのです。どうか、この言葉の重みを一緒に考えていただけないでしょうか。

幹之佑VOICE 子どもを「問題児扱い」しても何も解決しない

残念なことに、僕たち特性のある児童生徒を人ではなく物だと思っている先生がいます。それこそ学校のお荷物だから、話を聞く必要などないと行動で示しているかのようです。

何が言いたいか分からない、どうせ聞いても理解できないことしか言わないと僕たちと対話することに意味はないと決めつける一部の先生の行動は、学校への不信感をもたせるだけです。先生に対してはたくさんいる子どもの一人でも、僕たちにとっては人生を左右するほど影響をあたえる大事な存在。それが先生なのです。僕たちにとって成長過程で出会うたくさんの先生のうちのほんの一人、そんな一人くらいたいした問題じゃない、なんて思うことはできないのです。
どうか誤った対応や決断が僕たちの人生を左右することに留意してほしいです。

ヒント34 いじめは絶対に許せない・許さない

「いじめられる側にも問題がある」という理由付けは許さない

担当編集者の大久保さんより、「家族目線で特性に向き合うための本を」というお話を頂戴したときから、これだけは絶対に書きたい、伝えたいというテーマがありました。

いじめへの対応です。

そもそも「いじめ」とは何でしょうか。特性のある子につきものの「トラブル」とどう違うのでしょうか。この答えを一冊の本が私に教えてくれました。『いじめのある世界に生きる君たちへ――いじめられっ子だった精神科医の贈る言葉』(中央公論新社)という、日本を代表する精神科医である中井久夫先生が書かかれた『いじめの政治学』を再編集し、子ども向けにまとめた本です。

精神科医として阪神・淡路大震災の後、心に傷をおった多くの患者さんと向き合い、症状を勉強するために海外の文献の翻訳にあたられているうちに、ご自身が小学校時代にいじめられた体験がよみがえったそうです。当時62歳の中井先生の記憶の中でほとんど風化していなかったのです。

「いじめかどうかを見分けるもっとも簡単な基準は『立場の入れ替え』があるかどうかです。鬼ごっこを例に考えてみましょう。誰が鬼になるかをジャンケンで決めるのは普通の鬼ごっこです。鬼がいつでも〇〇君、あるいは〇〇さんと決まってて『立場の入れ替え』がなければ、遊びではなくいじめです。」（2章　いじめかどうかの見分け方より）

息子が、この基準にあてはまる「いじめ」や「嫌がらせ」に非常に悩んでいた時期は、小学校と中学校でそれぞれ1回ずつ、計2回ありました。日々の学校生活がトラブルだらけの息子なので人間関係の悩みは日常茶飯事なのですが、このときは明らかに様子が変だと母の直感が教えてくれました。

パート2で述べた通り、私は学校とは「喧嘩」しないように、クレームと思われないようになるべくソフトな対応を心掛けていました。

しかし、この2回に限っては緊急性があると判断して、積極的に学校に介入しました。この経験から、深刻なトラブルが発生した場合に迅速に子どもを救えるか、逆に燃料を投下して事態を悪化させてしまうかは、親の考え方や対応一つなのだと学びました。

私は絶対にいじめを許せません。いじめはされた側の人格すべてを否定する行為だから許してはいけないと考えるからです。しかし「いじめは絶対にいけない」という言葉を大人が連呼するだけでは、いじめによって傷つき、自分の命を絶つほど苦しむ子どもたちを救うことはできません。

なぜ私がいじめにここまでこだわり、多くのページを割いて対策を伝えようとするのか、個人的なことですが私の経験を少しお話させてください。

ときを経ていじめを克服できた私

私は小3、小4の2年間にわたり、4人くらいの女子グループからのひどいいじめにあった経験があります。一時は不登校になり、自殺も考えたほどつらい思いをしました。

私がいじめられた理由は、実家が会社を経営しており「苦労したことのないお嬢様だから」という何とも理不尽なものでした。

このあたりは息子の著書に詳しいので割愛しますが、祖父に愛人がいたことで祖父母は家では喧嘩ばかり、両親は会社を守って祖父の借金を返すために朝から晩まで必死で働き続け、兄も電車通学をする中学生で帰宅も遅いため一人で留守番をすることも多く、小2の頃から遠足のお弁当を自分でつくっていた私には信じがたい理由でした。

無視、はぶり、上履きや体操着を隠されたり、教科書を捨てられたり、階段で背中を押されたり。遊びにきたといって数人で私の部屋に上がり、引き出しの中に入れていた財布からお金がなくなったことに後になって気付いたということもあります。一度、仲直りしようといじめっ子の家の誕生日パーティーに呼ばれたことがありました。嬉しくてプレゼントを持参した私を待ち受けていたのは集団リンチともいえる暴力でした。母親の手作りケーキがテーブルに並ぶ恵まれた環境なのに、なぜ人をいじめて楽しめるのだろうと泣きながら帰宅した私は、プレゼントを用意してくれた母を悲しませたくなくて、この日のできごとを言えませんでした。当時、いつもお腹が痛くて仕方なかったことをよく覚えています。

もちろん担任の先生にも相談しましたが、先生が介入すればするほどいじめはひどくなるばかりでした。つらくてつらくて、テストの裏や余白に「先生、つらいです。おねがいします。たすけてください」と書いたことが何度もありました。いじめっ子に見つかり、「ちくるなんて最低。卑怯者」と言われ、より周りからは気付かれない陰湿ないじめへと続きました。

しばらくして私のようすがおかしいことに気付いた両親が、学校に何度も足を運んだりしましたが、なかなか事態は変わりませんでした。2年近くにわたったいじめがなくなった決定的な理由は、学年が上がり、クラスと担任の先生が変わったことでした。

当時、地元の小学校から中学校に上がっても、学区の関係で生徒の顔ぶれはほとんど変わらなかったのですが、いじめていた人たちとはその後一度も同じクラスになることはありませんでした。今振り返ると、おそらく両親が学校と何度も話し合い、小学校卒業後もクラス分けに対して配慮を継続して求めていてくれたに違いありません。

中高とその後はいじめにあうことはなくなりましたが、いじめのつらさ、そして、大人が関わってもいじめが解決しないことの無力感で、学校という場への信頼を完全になくしました。

でも、そんな私ですが、今は学校を信頼し、いじめと戦えると断言できます。なぜなら、息子との日々が幼い頃に傷ついた私の心を救ってくれたからです。息子が人生を通して、私に学校の大切さ、先生という存在のすごさを教え、絶望から希望に変えてくれました。先生と学校からの協力を得て、息子とともにいじめと立ち向かい、克服した経験は、私の支えとなっています。

前置きがとても長くなってしまいましたが、いじめに苦しんだ私が、いじめを乗り越えるために徹底的に考え抜いた対策法を、これから具体的に7つの段階に分けて紹介していきますので、少しでもつらい思いをなされている方の力になれたら幸いです。

幹之佑VOICE 「いじめ」と「トラブル」

僕は常に何らかのトラブルを抱えていたので、いじめにあっても、いじめられているということに自分で気付いていないときもありました。そのまま放置されていたら危なかったので、大人の目が入ることは大事だと感じています。

ヒント35 いじめへの対応①
――勇気を出して話してくれたわが子の勇気を受け止める

特性がある子やその親は自分たちが悪いと思いがち

息子がいじめられていることに気付いたとき、真っ先に息子に伝えた言葉があります。「あなたのせいではない」ということです。

この世には人をいじめてよい理由も、いじめられてよい理由もありません。様々なトラブルを抱えていて、普段は方々に謝りっぱなしの私ですが、このときは息子に「あなたは一切悪くない。いじめる側の人が問題を抱えているだけ」と断言しました。

特性のあるお子さんを育てている保護者の中には、他者に迷惑をかけるわが子に引け目を感じている方もいるかも知れません。しかし、例えわが子がトラブルを起こしたとしても、それはその時点で解決すべきで、トラブルを理由にいじめてよいことには絶対になりません。

その次に言った言葉は、「よく話してくれたね。勇気を出してくれてありがとう」という言葉です。

私は両親にいじめにあっていることを話せませんでした。同じように、息子も含めて大半の子どもは、自分がいじめにあっていることをすぐ親に話せないと思います。自分がいじめにあっているのは自分が悪いから、自分のせいだ、問題があるから、という罪悪感を抱えていることもあります。特性があって、自己肯定感が低いお子さんなら、なおさらそうでしょう。特にいじめにつながったきっかけが自分の言動にあるとわが子が思っている場合、いじめ行為がかなり深刻になるまで親に言い出せないことが多いです（話してくれたとしても、その内容についてはかなりの部分が過少申告である可能性も高いです）。

親を心配させてしまうという恐怖も同時に感じていますし、もしかしたら「何かあなたが先にしたからじゃないの？」とか「なんでみんなと仲良くできない？ いじめられるのは自業自得だ」などと怒られるかもしれないと恐れている場合もあります。

ですから、勇気を出して話してくれたことをそのまま受け止めて、褒めてあげてほしいと切に願います。もし、気付くのに遅れたことが分かったら、「気付かなくてごめんね」と伝える必要性もあると思います。

ここの対応を間違えると、子どもは親を信頼できない存在であると心に壁をつくりかねないと、個人的には強く感じます。

ちなみにこの対応は、いじめだけでなく、何らかの被害に巻き込まれてしまったときにも有効です。あまり考えたくありませんが、例えば道を歩いていて突然変な人に絡まれたり、暴言を吐かれたり、痴漢にあったりといったケースです。

特性のあるお子さん、特に多動の傾向があるお子さんは、トラブルに巻き込まれやすいところがあると思います。息子も、朝の通学時間帯の混みあう地下鉄の車内でカバンがぶつかったことが発端で、見知らぬサラリーマンふうの男性から爪で引っかかれるという信じがたいトラブルにあったことがあります。恐怖におびえる息子を車内にいた他の大人の方たちが守ってくださったそうですが、親の手元から離れる年齢になるにつれ、こうしたトラブルに出あう可能性も増えてきます。

とても怖い思いをした上に、信頼する保護者に勇気を出して話したにも関わらず、親が引け目に感じて「お前がぶつかったのでは？」などと責められては気持ちのやり場がないはずです。

親がその場にいなかったからこそ、状況を確認したいという気持ちはとりあえず横に置いて、子どもの気持ちに寄り添うようにしたいものです。

幹之佑VOICE　子どもを変えるのは「注意」ではなく前向きなアドバイス

おふくろは学校で嫌がらせがあったり、嫌な言葉を言われたと伝えても、絶対に僕が悪いとか僕に問題があると責めたりはしませんでした。悪く受け取られたり誤解されたりしないように、これからは言動をどうするとよいか考えていこうという前向きなアドバイスはありました。工藤先生も僕たち生徒に言っていましたが、嫌いな人がいることは悪いことじゃないけれど、それを態度に出したり相手に言うかどうかは自分で決めることなんだ、コントロールできることだよ、という朝礼での呼びかけは、いじめの防止にすごくよい影響をあたえたと思います。

ヒント36 いじめへの対応②——親が感情をコントロールする

最上位目標は「子どもの安全」を確保すること

次に保護者がすべきことは、冷静になることです。特性のある息子の子育ての経験から、時々トラブルの対応について相談を受けることがありますが、どなたにも必ずお伝えすることは「怒ったほうが負け。絶対に感情のままに行動しないように」ということです。

私もそうでしたが、自分の子どもがいじめられていると分かると、血の気が引くような感覚となり、その次には怒りの感情が沸き上がり爆発寸前になります。大切な子どもがいじめられているのですから当然ではあるのですが、怒りに身を任せると判断を誤ります。

息子の恩師である工藤先生は「目的思考」を掲げられています。これは、「最上位目標」を達成するために、どんな手段をとるかを考えて、行動するということです。

いじめは、ときに命に関わる問題です。ですので、いじめに対応する際は、「子どもの精神的・肉体的な安全と安心を守ること」が最上位目標になります。そのためには、事態をおさめて、子どもが安心して学校に通えるようにすることが必要です。

わが子がいじめの被害にあうと、ともすると被害者である子ども以上に親のほうが加害者とその保護者に痛い目にあわせてやりたいという処罰感情にとらわれがちです。怒りや悲しみなどに飲み込まれ、加害者を罰したい、謝罪させたい、後悔させたいという感情が「最上位目標」となってしまうのです。

しかし、保護者が感情のままに動けば事態はこじれて、本来望むべき「子どもの精神的・肉体的な安全と安心を守ること」という最上位目標が遠のいていきかねません。子どもの気持ち以上に保護者が感情的に動くことは、子どもが自分を理解してくれたと思うよりも、親が出ることで事態が悪くなるのではないか、話がこじれて学校に自分の居場所がなくなるのではないか、学校にいきにくくなるのではないかなど、子どもの不安を生む原因にもなるからです。

一緒に怒ること、悲しむことは子どもの心に寄り添うために大切な行為ですが、決して子どもの気持ちをそっちのけで感情的にならないように気を付けたいものです。極めて冷静に、作戦を練ることにエネルギーを向けるようにしましょう。

プロの力を借りるのも一つの手

それでも、感情的になってしまう、自分は冷静に対応できる自信がない、どう動いてよいか分からないというのであれば、プロの力を借りてもよいと思います。

特性があるという診断を受けている子どもが有利な点は、医療に近いこと。すでに信頼できる主治医の存在があることです。子どもが深く傷付いたとき、周囲の大人はどうすべきなのかを相談することができます。私たちの場合は、あいクリニックの西松能子先生のように、子どもの特性を知り尽くした強い味方がいて、とても心強く感じたものです。

また、夫が弁護士であり、私自身も法学を学んだ司法浪人くずれの人間であるため、こうした対応も視野に入れやすいのかもしれませんが、事態によっては、迷わずに初期の段階で警察や弁護士に相談することを検討し、動いてもよいと思います。

ネットに子どもの不適切な画像が流出している、万引きを強制されるなどの犯罪への加担、おごりや金銭要求の問題、暴行など心身や命の危険がある、などの緊急性が高いときは、学校だけの相談で済ませずに、迷わず相談したほうがよいです。事件として立件する、賠償を要求することだけが、警察や弁護士の仕事ではありません。相談することで対応の窓口を増やせますし、何より相談をしたという履歴を残すことができます。万が一、学校や加害者が「いじめなどなかった」と主張しても、相談したという事実が残っていることで、調査の資料になります。警察署には生活安全課という課があり、相談内容がどれだけ緊急性の高いものかどうかの見極めにもなってくださいます。

よい弁護士さんならば、事態を悪化させずに済むように、学校と喧嘩をせずに順序立てて交渉するための方法をアドバイスしてくださるでしょう。日本の事なかれ主義の社会は、訴訟国家アメリカと違い、弁護士が前に出ることで逆に問題がこじれることも多いので、むやみやたらに依頼することはおすすめできませんが、交渉のプロである弁護士から、落としどころがどこかを教えてもらうだけであればお金はそうかかりません。

味方になってくれる大人がたくさんいる、自分は守られていると知るだけで、子どもも安心できます。

とにかく忘れてはならないのは、これは子どもだけで解決できる問題ではなく、家族全体の問題であり、負けてはならない戦いであることです。子どもの安心と安全を勝ち取る戦いであることを、最後まで見失わないようにしなくてはいけないのです。そのためにも冷静に戦略を練る必要があります。決して感情のままの先走った行動は控えなくてはいけません。

幹之佑VOICE　親の介入で嫌なこと

子どもには子どもの世界があります。親が変に介入して、事態をよりこじらせるのは、絶対に嫌でした。親が冷静に対処して、子どもを安心させるのは大切だと思います。

ヒント37 いじめへの対応③——子どもの話を傾聴する

話を聞くのに「事情聴取」はNG

親が冷静さを保ちながら、次におこなうべきは状況把握。子どもの話をしっかりと聞くということです。この際、私も気を抜くとやりがちだったのですが、警察の事情聴取のようにならないこと、子どもが話し終わるまでは、意見や感想を言わないようにすることがポイントです。

特に低学年や特性のある子どもの場合は、うまく状況が話せないこともあります。加えて、今までためこんできたつらい気持ちを出そうとするため、はじめは何が言いたいのかよく分からないこともあります。時間はかかるかもしれませんが、じっくりと話を最後まで聞いてあげるようにしたいものです。

私の経験を申し上げると、このときに紙を用意し、子どもから聞いた内容についてメモを書いていくととても効果的です。

状況を聞くことは非常につらい作業のため、親も動揺から聞いたことが抜け落ちやすくなりますし、具体的な日時や状況を話してくれるようならば、後日学校側の聞き取り調査に役立つからです。また、子どもにも、親が真剣に聞いてくれているということが伝わり、より信頼感が高まります。

子どもの話がすべて真実とは限らない場合も

それから、これは子どもならではと思うのですが、はじめに話した内容が後からコロコロ変わることもあることを心に留めておいたほうがよいと思います。

息子のケースでも、中学生くらいでも親が思っているよりも幼い部分がまだあり、よくよく話を聞いたらまるで違う状況だったり、肝心なことほど話していなかったり、ときには誇張や勘違いしているということも往々にしてありました。

学校に伝えたらまるで逆の結果で、親が愕然とするということが起こりうるのも、まさに子どもという存在に対する理解不足が原因だと感じます。

子どもを信じることは大切ですが、子どもの言っていることが事実のすべてではないこと、大人では考えられないような状況の受け取り方、見方をする場合もある、ということを頭に入れておくこと。最初はなかなか難しいのですが、親も客観的な目線で話を聞くことが大切です。

総じて、決して子どもの話をその場で解決しようとせずに、かつ無理に話させようとせず、親はひたすら聞き役に徹することが、ここでは大切だと感じます。子どもが本音を言えるまで待つことも親の大切な役割と心得ておくとよいのではないかと思います。

ふとした一言が言える関係を築くこと。思春期になっても何かあれば必ず早めに相談してくれるようになるというのが、私たちの経験です。

幹之佑VOICE　言い分を聞いてもらう経験を重ねて分かったこと

これは僕もすごく心当たりがあるのでなんとも言い難いのですが、つい自分を正当化したくて事実と違うことを言ってしまったこともありました。でも、おふくろは自分も昔、親に心配をかけたくなくて色々なことを言えなかった経験があるせいか、僕を怒ることはありませんでした。経験を重ねていくうちに、親にはきちんと伝えないといけない、親を安心させるにはちゃんとすべてを伝えないといけないと思えるようになりました。相手との信頼関係がないと本当のことや本音が言えないんだと思います。

ヒント
38

いじめへの対応④
――子どもが安心できる環境をつくる

必要があれば学校を休ませる

いじめ対応の最上位目標は、子どもの精神的・肉体的な安心・安全を守ることと申し上げました。これを達成するためにも、状況がきちんと把握できるまでは思い切って登校を控えることも大切だと思います。子どもから学校を休みたいと言えないこともあるので、親のほうから「学校休んでもいいよ」とか、ときには「休もうか」と決断を導いてあげてもいいと思います。

息子の場合も、親が先回りして行動する、普段以上に息子に目をかける、心をかけることで、何を話しても親は自分を守ってくれるという安心感が生まれ、少しずついじめに立ち向かう勇気がわいてきたように思います。

とにかく一番ダメな対応は、親が感情的になって行動に移すこと。例えば、謝罪を求めて学校に乗り込んだり、相手方の保護者に直接連絡をとったりすることです。

緊急性が薄く、状況をきちんと把握できるまでの間は、まずは担任の先生に、いじめの有無や相手方の名前などは出さずに現在の子どもの状態だけを話し、しばらく休ませる旨だけを伝え、休んでいる間は勉強のフォローなどの相談のみに済ませるのも手です。怒りや威圧的な空気を出さずに、先生のほうから「何かありましたか？　どうしましたか？」と声掛けしていただけるくらいが目安です。

これは、問題が長引いたとしても、子どもが学校に戻りにくくなることを避けるための私たち夫婦の作戦でした。後々問題があることをお伝えしたときに家族で冷静に対応しようとしていたことを学校側にも理解していただけますし、それ以上に親が冷静に行動してくれているという安心感を子どもにあたえられることも大きいです。

「勇気ある撤退」も視野に

学校を休ませることについて、逃げだとか、なぜ被害者のほうが遠慮しなくてはならないのか、と思いたくなる方もいらっしゃるでしょう。しかし、大切な子どもを自主的な判断において安全な環境で保護するという意味なのですから、撤退は決して「負け」ではないと思います。撤退は勝つために必要な戦略の一つであり、不利な体勢を立て直すための積極的な行動なのです。

戦争史マニアの夫と息子の言葉を借りると、「勇気ある撤退」という言葉はあれど「勇気ある退却」という言葉はなく、無謀な計画や行動により味方に壊滅的な被害をもたらすことこそが一番愚かな行為なのだそうです。

イギリス史上最も偉大であり奇跡といわれるのは、第二次世界大戦中の「ダンケルクの戦い」と呼ばれる撤退作戦だと聞きました。なぜかというと、撤退するために民間の漁船にも協力を呼びかけ、官民一体で一人でも多くの人命を守った作戦だったからとのことです。

私たち保護者も、歴史から学び、ここは慎重に動きたいものです。

万が一、転校することになった場合は、退却ではなく、作戦変更であること、前向きな行動であることを親子の共通認識になされてもいいと思います。息子の場合は転校することはありませんでしたが、もしものときのために私たち夫婦は予防線を張って、普段から「学ぶ環境はここしかないわけではない。いざとなったら環境を変えてもよい」という会話をしていました。

一方で、「青い鳥」のお話しではありませんが、別の学校にいって環境を変えたとしても、何もかもが解決するというわけでもないという現実を教えることも親の役目だと思います。

人生には選択肢がたくさんあること、しかし、すべての選択肢にベストは存在しないこと。このことを知ることで、家族みんなで前向きに生きるヒントにつながる気がします。

幹之佑VOICE　生きていることが最大の勝利！

第二次世界大戦中にフランスのダンケルクにおける戦いの中で、1940年5月26日から6月4日にかけて連合軍の大規模な撤退作戦「ダイナモ作戦」（英軍のコードネーム）がおこなわれました。

この撤退作戦はイギリスでは「大失敗が大成功になった」と報道されたそうです。こうした不屈の精神は「ダンケルク・スピリット」と言われており、チャーチルの名言である「決して屈するな！決して、決して、決して！」という言葉にもあらわれています。勝ち残ること、生き残ることが最大の勝利なのです。

ヒント39
いじめへの対応⑤——学校へ伝える

学校や先生の反応が薄くてもストレスをためてはいけない

いじめの対応で親が最も頭を使わなくてはならない場面は、学校へ伝え、対処を求めるときだと考えます。ヒント17でも述べましたが、子どもというものは、学校に人質にとられているようなものだからです。

加害者からの謝罪の有無、いじめが収まる収まらない以前の問題として、転校をしない限り学校生活は続きます。まずはわが子が安心して学校に通えるように学校側から全面的な協力を得る必要があります。

学校側の視点から見れば、いじめの加害者も被害者も、どちらも大切な児童生徒である、という前提があります。ですので、私も経験がありますが、何か問題が起きて学校に連絡し、担任の先生に事情をお伝えしても、予想以上に先生の反応は薄く、ときにはそれが不満に思えることもあります。

けれどもこれは先生が経験不足や薄情なわけでもありません。まだ全体像を把握していない段階での教師として一般的な対応だと受け止めておくとよいと思います。

それどころか、見識のある学校や先生は事実確認が終わった後でも、いじめの問題を解決した後でも、細心の注意を払ってもらえたとしても、どちらか一方の児童生徒の肩をもつことはありません。学校は教育機関であり、裁判所ではないので、ある意味当然です。いじめられる側から見ると、生ぬるい対応に見えますが、かんたんに問題のある生徒を切り捨てる学校は、いつか自分の子どももかんたんに切り捨てられる可能性もあるということでしょう。このような現状を理解しておき、動揺しないようにしたいものです。

学校への賢い伝え方の具体例

具体的な学校への伝え方については、教育や子育て介護などのご著書が多い作家・鳥居りんこさんの「子のイジメ　頭の良い親がしている『神対応5』（プレジデント・オンライン）という記事が非常によいため、

ここで引用させて頂きます

「……ここに憤って、被害者根性を前面に出して教師を責めると学校は簡単に敵に回ってしまう。そもそも被害者親は学校から歓迎されない存在であるということを肝に銘じることからのスタートになる。

最小限の傷で済むことを望むならば、加害者と学校を責めるのではなく、みんなで良い方向に向かいたい、そのために自分（親）に何ができるのかを教えてほしい、できることは何でも協力したいと申し出ることが大切になる。

そこで、ようやく「話ができる親」ということで、学校との交渉権を得ることができるのだ。ここを間違ってはいけない。」

読んでいて、思わずうなってしまうくらい、１００点満点の賢い親の対応だと感じました。

鳥居りんこさんのご子息がいじめにあったのは、私立学校だったそうです。選抜を受ける私立学校では、学校の方針に従うことが入学と在学の条件ですから、学校との話し合い次第では、被害者側であろうと加害者側であろうと関係なく、方針に合わないという理由で、転校、場合によっては退学の可能性もあったはずです。親の対応いかんによって結果は大きく変わったはずですから、徹底的に考え抜かれて、対応されたのだろうと、記事を読んでいて頭が下がりました。

定型発達のお子さんの保護者ですら対応を間違えると大変なのですから、特性のあるわが子を育てる私たち保護者はなおのこと、日ごろから学校との関係を良好にしておくことが大切だと思います。

特に、いじめの要因が、わが子の特性のせいであると学校や周りに受け止められて、排除する理由へと利用されないように気を付ける必要があります。

私が最も大切にしたことは、できる限り足を運ぶこと、それからいつでも学校と連絡をとりやすい状況にしておくことでした。足をマメに運ぶことで学校の様子、特に子どもが今どんな状況下で学校生活を送っているのかが分かります。あたたかな空気なのか、冷たい空気なのか、学校を訪れて他の生徒さんが自分に挨拶をしてくれるかどうか、そんな小さなできごと一つから、子どもの置かれている環境を読み解くことができます。

また、担任の先生から電話がきてもすぐに電話がとれないときもあるかもしれませんが、すぐに折り返しの連絡ができる保護者かどうか。何かあったときに学校が親身になってくれるかどうかは、普段からの親の熱意に比例すると考えています。子ども同士の対応に差をつけないことが学校に求められる姿とはいえ、困ったときだけ頼ってくる保護者では大人同士の信頼は築きにくいのではないでしょうか。

また、他の保護者さんたちも学校を訪れているときは、先生を独り占めしないことも心掛けました。普段から連絡をとることが多い私は、他の保護者さんが先生と話したい時間を奪わぬように、学校行事のときなどはあいさつ程度で済ませました。あくまで子どもが学校の主役であることを忘れずに、控えめな態度も心掛けました。

特性のある子どもの子育てでは、たくさんの努力が求められて大変です。ですから、この本ではあまり「頑張りましょう」とはあからさまには述べてきませんでした。しかし、学校との関係を良好にしておくことは特に重要ですので、ここは頑張りどころだと、経験者から強く申し上げます。ぜひ意識していただきたい点です。

幹之佑VOICE　自分が救われていたことを実感

僕のような特性のある子どもをもつことで、親の人生も様々な場面で言動や行動が制限されることを申し訳なかったと思います。当時は自分のことで精一杯で親の気持ちまで汲むことはできませんでした。おやじとおふくろの頑張りで自分が救われたことを忘れないようにします。

ヒント40 いじめへの対応⑥――和解できなければ距離を置く

「みんな仲良く」でなくていい

いじめが発生したとき、最終的に和解できればそれにこしたことはありません。しかし、先生が仲介してもうまくいかないことも現実として多々あります。特に、それぞれの育った家庭の考え方や価値観が違うことで子ども同士の相性が悪い場合、先生に促されて口先では謝ったとしても、気持ちの上では納得できません。形だけの解決では、その後も同じようなことでトラブルが起こることは間違いありません。

息子の恩師の工藤勇一先生は、「みんな仲良く」というような教育はなさりませんでした。なぜなら、誰にでも苦手な人がいるのは当たり前だからです。幼いころから空気が読めず、友達がいなかった息子は、この考えを知って本当に楽になったそうです。

そんな息子にとって、いじめ問題で和解できなかったときに一番助かった対応は、お互いに接触をしないと約束することだったそうです。学校に、非常に早い段階で対応してもらえたという実感があり、息子は、先生のいない登下校や休み時間でも、学校から守られていると心から思え、とても安心できたと言っていました。

対立を解消するためには対話を重ねることが大切ですが、そもそも同じテーブルにつく前には、時間も必要ですし、お互いに譲歩できる余地が前提にあるかないかも大きいのではないでしょうか。

大人ですら理解しあうことが難しいのに、学校では子どもたちに大人だってできていない「みんな仲良く」をさせようとすることは、物事の解決を最優先する行為であり、時間をかけて自分の頭で考える機会や他者への理解や想像力を養う機会を奪う行為になるということを、私は工藤先生から学びました。

ですから和解できるか不安な場合は、思い切って、距離をおくように約束させてほしいとはっきり学校に要望するのも、有効な手段だと考えます。

和解を優先せずに、時間をかけて子どもたちと考え、学ぶ機会にする。特性のある子の未来は明るいものだと手放しで親が言ってあげられるような単純なものではなく、むしろ困難のほうが多いはずです。だからこそ、一つひとつの機会を絶対に無駄にしない気構えをもち、子どもが幸せになるために、悪いできごとこそ利用しつくしてほしいです。

幹之佑VOICE　無自覚なスローガンは子どもを苦しめる

「みんな仲良く」この言葉には長い間本当に苦しめられました。僕にとって「呪いの言葉」でしかありません。大人の中には無自覚にこの言葉をよい言葉だと子どもたちに使っている人もたくさんいますが、画一的な学校教育で洗脳されていることに早く気付いてほしいです。

ヒント41　いじめへの対応⑦——次に備える

被害者の自尊心をあげるカウンセリングをする欧米

ひとまず今回はいじめが収まった、解決した、といっても、これでもう大丈夫だと諸手をあげて喜んでばかりではいられません。特性のある子どもたちは、今後もいつどんな時期に、いじめという事態に巻き込まれてもおかしくはないからです。今回の経験をもとに、次への備えをすること、対策を立てることがとても重要だと考えます。

私たちがやったことでおすすめなのは、親子で反省会をおこなうことです。親が一方的に話すのではなく、子どもが自分で考えて意見を言える時間にしましょう。

「次に同じようなことが起きないようにするには、どうすればよいと思う?」と話しかけ、親子で対策を考えるのです。「言い返せるようになりたい」とお子さんが言ったならば、ではどんな練習をしたら言い返せるようになるか、どんな人に手伝ってもらうとよいか、大人も一緒になって作戦を立てると、結構おもしろいアイデアが出てきます。

ちなみに、初期のいじめについては、相手に言い返せると、かなり防ぐことができると思います。私たち親子の経験を鑑みても、大人しい子、言い返せない子、さらには泣いたり、からかわれてパニックになってリアクションが大きくなったりする子がいじめの標的になりやすいです。いじめる側が絶対的に悪いのですが、わが子が悩んでいたら、そういったターゲットになりやすい部分をどうやってカバーするか、一緒に考えてみてもいいと思います。

アメリカやヨーロッパでは、いじめの問題は、いじめた子の心理的・環境的な問題が大きいという受け止め方で、加害者に対して積極的にカウンセリングを受けさせるプログラムが用意されており、同時に、被害者の子に対してもカウンセリングをすすめ、自尊心を上げて自信をもって言い返せるような練習プログラムを用意している地域もあるそうです。どの国でもやはりいじめの対策は頭の痛い問題なのでしょう。

残念ながら、日本ではいじめに対してここまで手厚いケアを学校や行政に求めることはできないため、自分の子どもを守るためにも常に先回りして対策をするくらいの気概が必要だと思います。

嫌なことをされたら、よい子でいるのをやめて感情を押し殺さずに、「やめろ（やめて）」と言える練習、とっさのときに大声を出す練習も同時にするとよいと思います。これは、犯罪などからも身を守る意味でも身に付けておいたほうがよい大切なテクニックだと思います。

空手が教えてくれた「積極的防衛」

息子はいじめ対策として空手を習いました。型を学ぶ道場でしたが、当時は大嫌いないじめっ子を思い浮かべながら突きをしたり、蹴りをしたりしていたそうで、それだけでもストレスの解消になったようです。

道場には小学校の5、6年の2年間ほど通いましたが、ある程度の期間続けることで、力の加減を覚え、自然と身を守る動きもできるようになったと嬉しそうに言っていました。

親の私から見ても、ひょろひょろだった身体や重心が定まらない動きに変化があらわれ驚きました。重心が体の下に定まり、立ち姿から何となく落ち着きのある雰囲気が出るようになったのです。いじめやすそうな雰囲気を変えることができるのも、武道を習う利点の一つではないかと感じます。

我ながらよい選択をしたなと思っていることは、組手や試合のある武道を避け、昇段にこだわらない、ゆるさのある道場を選んだことです。息子は不器用で、人一倍習得が遅いです。そんな息子が、同世代のお子さんと組手をすれば、自信をなくすばかりか、いじめられたときの記憶を強めてしまいかねませんし、昇段も遅くなることがあらかじめ想定できました。息子と同じように不器用なお子さんには、ある程度のんびりと、自分のペースで鍛錬できる武道や道場を探すことをおすすめしたいです。

その後、空手で自信をつけた息子は、いじめっ子に向き合える益荒男《ますらお》に変わりました。息子のモットーは「こちらからは喧嘩は絶対に売らない」と「先制攻撃はいかん」ですが、中学では同級生の男子と取っ組み合いになることもあったようです。そんな同窓生とも、今では成人式で会う約束をするくらいで、泣きながら帰ってくるいじめられっ子だったあの頃が嘘のようです。

なお、私には定型発達の長女もいるので、女子のいじめ対策について、私なりに工夫していることも申し添えておきます。女子の場合、武道なども効果的とは思いますが、同時に母親と一緒に、女子の世界の「掟」を再復習しておくとよいと思います。

具体的には、約束のすっぽかしを防ぐために手帳などでスケジュール管理を身に付ける、女子の好きなものの知識をもつ（アイドル、キャラクター、アニメなど）、電話やメールなどでの女子特有の会話の流れや、言葉選び、自慢にとられない謙遜を教える、会話の機微に気付けるような練習など、事前の対策、知識から学ぶことでトラブルを防げることは、男子以上に多いと思います。

そこまでしたくない、周囲に合わせたくないとお子さんが言うなら無理する必要はないと思います。一方で、実際に女子の人間関係に悩むなどしていたら、これは普通の子に見えるように「擬態」することではなく、身を守るために自分を変える前向きな行動であり、防具であり武器となるのだとお子さんに伝えるのも一つの手だと思います。

幹之佑VOICE　僕の『いじめ防止論』

僕にとっての空手とは、いじめられることを防ぐ抑止力としての役割が主体です。空手以外にも様々な手段があるとは思いますが、いじめなどで自分を攻撃した場合に、少なからぬ代償を負うリスクが起こる可能性を相手に感じさせることができるかどうかが、いじめ対策の最も効果的な策ではないかと思います。最大の防御は攻撃ですが、これは先制攻撃を認めることではなく、身を捨てた自爆行為のことでもありません。軍事研究において効果的とされる「積極的防衛」なのです。

また、人間関係でいざこざが続いてストレスをためている場合は、いじめっ子をいじめられっ子がやっつけるスカッとした映画を見るのもおススメです。僕のおススメは『セントラル・インテリジェンス』（アメリカ　２０１６年）です。ジャンルがアクションコメディですが、家族で一緒に見て、勇気を出して言い返すことの大切さを教えてもらいました。

ヒント42
いじめへの対応・番外編——緊急事態の場合

トップにごく短時間でご相談する

前述の鳥居りんこさんの記事では、「学校はピラミッド社会のため、いきなりトップに直談判するよりも、段階を踏んで行った方が余計な恨みつらみを買わずに済む」とあります。私も基本的にはこの考えに大賛成で、何か問題があればまず担任の先生にご相談しました。

ただし、例外もあると考えます。「命に関わるような緊急事態」です。こうした場合、私たちはできるだけ迅速にトップにご相談をさせていただきました。

一例をあげます。息子の著書にもありますが、息子は中学校時代に、高校で海外留学するためにとある専門の塾に通ったことがあります。講師の一人は同級生の兄で、すでに成人年齢を超えている大学生でした。ここから息子が当初希望していた進路が漏れるといったできごとがありました。

個人情報の漏洩という重大な事態と判断し、この際は、担任の先生に連絡をするという手段を飛ばして、直接、工藤校長先生と宮森副校長先生への面談を希望しました。夫婦で伺ったのは、後に言った言わないということとがなくなるように記憶を確かにするため、また、夫婦の意見が同じであることを学校側にお伝えしたいという理由からでした。

もちろん、息子一人のことで、非常に多忙なトップの先生方お二人の時間を頂戴するわけですから、事前にしっかり準備しました。夫とは前日までに何度も話をして、親として学校に要望させていただきたい対策をまとめ、また落としどころの線引きについても確認しておきました。

面談自体は、30分とごくごく短い時間で終えました。弁護士の世界でも法テラスなどで相談は一回につき30分と決まっていますが、落ち着いて相談する保護者と感情のままにだらだらと話し続ける保護者、自分ならどちらがより真剣に耳を傾けたくなるかと考えての判断です。先生方のご負担を極力減らすことを第一に夫婦で時計を確認しつつ、要点をまとめてお伝えすることに努めました。

防災と同じように事前に緊急事態の想定を

トップに相談することに、遠慮を感じる方もいるかもしれません。しかし、麹町中学校の校長先生に就任する前に東京都、目黒区、新宿区の教育委員会に籍を置かれていた工藤先生ご自身も、ご著書である『子どもが生きる力をつけるために親ができること』(かんき出版)で「遠慮なく学校、教育委員会と連絡を取ろう」と書いていらっしゃいます。この本では、いじめについて、学校などへの相談の仕方についてなど、学校側に長く身を置かれている工藤先生だからこその含蓄あるアドバイスばかりでとても役立つ本です。

もちろん何でもかんでも大事にすればよいわけではありませんが、子どもを命がけで守らなくてはいけないときにどこに相談すればよいか、事前に想定しておくことで、迷うことなく迅速に行動できます。回り道が少なければ少ないほど事態の収拾は早まりますし、子どもを守ることができるのですから、防災と同じように日ごろから緊急事態への備えが大切だと感じています。

幹之佑VOICE 小惑星探査機『はやぶさ』に学ぶ

2010年6月13日、ISAS（宇宙科学研究所）が打ち上げた工学実験探査機はやぶさ、（第20号科学衛星MUSES-C）が無事帰還し、小惑星イトカワのサンプルリターンに成功した理由も、トラブルを予め想定し「こんなこともあろうかと」（By真田　宇宙戦艦ヤマト）と万が一に備えて用意した予備の回路により危機を何度も回避できたからです。（はやぶさについてもっと詳しく書こうとしたらおふくろに紙面が足りないと止められて不完全燃焼です）とにかく備えあれば憂いなしです。

ヒント
43
トラブル予防で他の保護者の方と親しくなることも有効

先生の目の届かないところで続いたトラブル

息子が小学校時代に、あるお子さんから何かとちょっかいを出され、困ったことがありました。

当初、息子から話を聞いた私は、ある程度時期が過ぎれば済むくらいに軽く考えていました。しかし、一か月以上経過してもおさまる様子がなく、本人もとても困っていました。

担任の先生にも相談して対応をしてもらったのですが、息子に確認したところ、それでもちょっかいが収まる様子はありません。相手のお子さんが同じクラスではなく、学年も違うので休み時間や下校時など、先生の目が届かない時間帯でちょっかいを出されるとのことでした。

先生に対応を望んでも限界がありそうだな。困ったことだな。私は非常に頭を悩ませました。

まず息子が下校するときに迎えにいき、ちょっかいを出す子を把握することにしました。息子から教えてもらい、どのお子さんかを確認しました。

その子は、私が幹之佑の母親だと知っていて、以前から私を見つけると「今日、幹之佑くんがこんな悪いことをしていたよ」「こんなことをして先生に怒られていたよ」などと、よく母である私に言いつけにくるお子さんでした。

ご兄弟がいるため、口も達者で非常に頭もまわる賢いお子さんです。口下手で自分の気持ちを伝えることが圧倒的に下手な息子が不利なことは明らかでした。

相手方のお母様と親しくなって解決

そこで、家に戻ってから息子に「ママは作戦を思いついたけれど、これはすぐに実行はできない。少し我慢ができる？」と聞きました。

ここで苦しくて苦しくて仕方ないと答えたら、学校をしばらく休ませるつもりでした。けれども、このときの息子の答えは「つらいけどまだ頑張れる」というものでした。

その後しばらくして、ちょっかいはぴたりと止むことになります。私が実行した策。それは、相手のお母さまと親しくなるということでした。

子どもが傷つけられた、嫌な思いをしているというと、はらわたが煮えくり返りそうになります。子どもだけでなく、相手の保護者も許せない、絶対に口もききたくない、嫌みの一つも言ってやりたいという気持ちになることもあると思いますが、あえてその逆をおこないました。

先生や学校を間に入れずとも、母親経由で直接子ども同士の状況を把握していることが相手のお子さんにも伝わり、問題が止んだのです。

ちなみに、お子さんが息子にちょっかいを出していることは、一切お母さまにはお伝えしていません。申し上げたのは、「いつも感謝しています。帰られたらたくさん褒めてあげてください。幹之佑のママが、遊んでくれて、話しかけてくれてありがとうと感謝していた。この旨お子さんにお伝えしてくださいね」ということのみです。

相手方の保護者さんと険悪になることなく、事態を収める方法。我ながらいい作戦を思いついたと思ったものです。これ以降、特性のあるわが子のためにも、他の保護者の方とはできる限り顔の分かる関係になる、お茶をご一緒するほどではなくとも親しくすることは大切だという思いをますます深めたのでした。

幹之佑VOICE　今さらだけどありがとう

おふくろが自分の知らないところで行動していてくれていたとは全く気付きませんでした。でも、思い返せばおふくろは自分と相性が悪いクラスメイトの保護者にもあいさつをしたり会話をしたりしていました。何で？　とそのときは思いましたが、自分のことを考えて行動してくれていたのだと今回原稿を読んではじめて分かり、おふくろ今さらだけどありがとうと伝えたいです。

ヒント44

学校に自分の意見を上手にお伝えするコツ

私が学校からの不本意な呼び出しにも必ず応えた理由

昭和の映画やドラマではこんなシーンがよく出てきたことをご存知でしょうか。立てこもり犯を説得するため、警察は犯人の母親を連れてきます。母はハンドマイクを使い、息子（なぜかいつも犯人は男性）に話しかけます。

「〇〇や、お母さんだよ。人様に迷惑をかけちゃいけねえ。おめえはそんな子じゃねえ（なぜか方言）」バックには『ふるさと』が流れ、涙を流す犯人。そして、観念したように人質を解放して逮捕される……。

私はこれと同じことを、保育園や学校の要請により、山ほど繰り返しました。もちろん、息子は立てこもり犯ではないですが、学校でトラブルを起こし、手が付けられないという理由で、先生は母親である私をすぐに呼び、息子を連れて帰らせる、または一日中授業に付き添わせるということが繰り返されました。

先生がなぜ母親を呼ぶのか、本当の理由は分かりません。私が察するに、手が足りないから、母親が息子の扱いに慣れているから、息子が嫌いだから、私が嫌いだから、学校の様子を見て家庭でもちゃんと指導してほしい、叱ってほしい、といったことだったのではないかと思います。

ですが、怒りを感じても、言い返したり、正論を言ったりしても、事態が悪くなるだけでよい方向には向かいません。私がとった行動は一つ。学校や先生の気が済むまで、とことん付き合うことでした。来るように言われれば、何をおいてもいきました。登校から下校まで、付き添いました。

自分のことどころか家のことも何もできず、体力的にも精神的にもなかなか大変な時期でしたが、だんだんと、学校にいく時間は私にとってご褒美のようにも思えてきました。

毎日、私だけ特別に授業参観ができるのです。息子の頑張っている姿を見て、成長を実感し、困っているときはすぐに助けてあげられます。クラスメイトのお子さんたちもみんな可愛く、たくさん話しかけてくれて、なついてくれます。行事のたびに嬉し泣きする私のことを子どもたちはよく見ていて、「ミッキーのお母さん、また泣いていたね〜。嬉しかったの？」と笑顔で声をかけてくれます。いつも校内をうろうろしているので、他の先生方ともお話しする機会が増えました。

トラブルがあって呼び出されたはずの私が喜んでいる姿を見て、「そんなに過保護だと幹之佑さんが自立できなくなりますよ。もう来なくてよいです」とおっしゃった先生もいるほどです。

本で得た知識なのですが、応用行動分析（ＡＢＡ）では、定着させたい行動をほめることで強化し、定着させたくない行動には反応せず、スルーすることで強化を防ぐことが大切だと言われています。ですから、心理学を応用すれば、息子がトラブルを起こすたびに、親の私を呼ぶというのは、あまりよくない対応だったのではないかと、素人ながら思います。

専門行動療法士であり、臨床心理士である奥田健次さんも、こうおっしゃっています。

「この子のいた保育園では泣いている子を抱いて、よしよしトントンする。それでも泣きやまないと、お母さんを呼ぶ。それはよくある対応なんだけど。この子にそれはあかんよと。〝泣き続けたらお母さんが迎えに来てくれる〟と学習し、〝泣き〟が強化されてしまったんですね。それを一年間続けた、成れの果てがこれです。発達障がいは生まれつきだけど、行動を強めたのは環境の要因ですから」（週刊女性PRIME どんな発達障がいも魔法のように解決、子育て界の〝異端児〟奥田健次さんの「壮絶な生い立ち」より）

私も含めて、特性のあるお子さんをもつ保護者の中には、本やネットで情報を得て、様々な専門家の講演会にも熱心に足を運び、知識を備えている方も少なくありません。こうした知見から見ると、学校や先生の適さないやり方に不満を募らせ、対立を起こしてしまうこともあります。

私も、何かあるたびに母親を呼び出す学校の対応に、息子が問題を起こせば早退できる、母が迎えにきてくれると学習してしまうのではないかと、内心はらはらしたものです。

けれども、先生方もプロです。教育者としてのプライドもありますので、保護者が伝聞で得た専門知識を伝えても、受け入れていただくことは難しいことのほうが多いです。

対立をすれば、学校での子どもの立場は悪くなる。でも自分の考えは伝えたい。そのジレンマに悩んだ私の解決法が、先述した通り、先生のご要望にとことん付き合うということでした。まずは先生の言われた通りにおこない、話ができる余地を伺いながら、少しずつ自分の考えをお伝えしました。

異論をお伝えするときは捨て身で言う

一度だけ親としてどうしても先生の言い分が受け入れられず、突っぱねたことがあります。とある学校で、校長先生と担任の先生のそれぞれから、親の私たち夫婦に許容できない負担がかかる提案をされたのです。

夫がそれは「学校としての意見ですか？　それともあくまで先生個人の意見でしょうか」と聞き返しました。息子のため、と一見相手をおもんぱかるように見える提案でしたが、先生が息子のことを「病気」とおっしゃったため、提案についてはお断りさせていただきました。

このときは、このお返事が受け入れられなければ、学校を変えることも覚悟して、「捨て身」で申し上げました。特性のある子の受け入れが大変だということは、親の私たちが一番理解しています。でも、学校からすべて言われた通りにおこなうなどは不可能です。子どものために私はここまではできます、でもこれ以上は無理です、とはっきりと伝えることも大切だと感じたできごととなりました。

幹之佑VOICE　普段はドライな父子関係だけど……

おやじは普段から僕に対して特別な接し方をするわけでもなく、どちらかというとドライなほうの親子関係ですが、こういう大きな場面になると絶対的な味方になってくれます。おふくろの性格だと遠慮してストレートに言いにくいことも、おやじなら平気で言えるときがあるのも不思議です。父親と母親のそれぞれよさがあって、学校に対しても、そのコンビネーションでうまく向き合ってくれたのだと思います。

ヒント45

大学のサポート不足による学生の取り残し問題

充実した大学生活の反面での苦労

パート2でも申し上げた通り、息子は大学生になって、これまでの人生で一番といってもよいほど充実した学生生活を送っているようです。

ただし、よいことばかりではなく、実情としては大学生活で困っていることも多々あるようです。お読みいただいた方が大学生になってご苦労をして、「本に書いてあることと違う」とお感じになられてはいけませんので、大学生活における苦労も記しておきたいと思います。

146ページで申し上げた教職フォーラムのパネルディスカッションの場において、魚山先生は「今日は事務局の先生方もおられるから大学生活について意見を言ってよいよ」と、息子に話を振ってくださったことがありました。息子は、自分のような特性のある学生だけに限らず、履修の取り方が非常に分かりにくく困っているケースが非常に多く、ボランティアの先輩方に相談できるピア・サポーター制度だけでは、サポート不足であることをあげていました。

自分で思いつく解決案として、履修の案内は文字の情報だけでなく、可能であれば授業のサンプル動画があるとよいのではないか、高校から大学への学びの連携などについて意見を述べていました。

大学組織の規模は、それ以前の学校段階とくらべてはるかに大きく、高校までの担任制とは異なり、何でも相談できる先生という存在はいません。

また、事務局内に学生向けの窓口が設置されているものの、大学生という年齢的な理由から、自己責任という言葉に縛られ、こんな小さなことも聞いてもよいのかなどと、相談すること自体を迷う学生さんもいらっしゃるそうです。その意味では、小・中・高・大の学校段階の中で、困っている学生がもっとも助けを求めづらい場所が、大学と言えるのかもしれません。

帝京大学が公表している退学者と留年者の推移で、2019年度の退学者は学部全体で871名、留年者は942名だそうです。

中には別の道を見つけるなどの積極的な理由での退学、学費などの経済的な問題や素行不良の問題もあると思いますが、特性のある学生や困っていても相談できずに大学を去っていった学生も少なくないのではないかと拝察します。

決して安くない入学金と学費を払ったにも関わらず、卒業できずに大学を去ることになった理由。それが大学のサポート不足に起因するならば、積極的に改善をしていくことが求められると思います。

この資料にある、大学を卒業せずに去った900名近いの学生の皆さんのその後の人生が明るいものであってほしいと親の立場にある私は心から願わずにはいられません。

大学は最高学府にして、学生時代の最後の仕上げの場でもあります。学生一人ひとりに自信をもたせ、社会に送り出すことが大学の使命と考えたときに、誰一人取り残すことのない教育を、やはり大学も求められるのではないかと考えます。

一年次の履修で失敗しまくった息子は散々な思いをし、成績も決して褒められたものではありません。

本人の努力不足で済ませるべきか、サポート不足が原因なのか、息子が感じていることをまとめることで、分かることもあるかもしれません。息子が言うには、今後は特性のある学生の合理的配慮をどこまで受けることができるのかを調べ、大学側もどのようなシステムづくりが必要であるか、帝京大学の皆さまのお力をお借りしながら、自分を実験台にして、後に続く特性のある学生の皆さんの役に立ちたいそうです。

編集担当の大久保さんが、「幹之佑さんが悪戦苦闘するほど本のネタが増えますから、たくさん失敗してください。一年くらい留年してもいいんじゃないですかね」と悪魔な発言をしていましたが、キャンパスライフにおいても息子の苦労は尽きることがなく、今後も大久保さんの期待を裏切らないことは間違いなさそうです。

幹之佑VOICE　高校までとは違った悩みがある大学生活

入学してすぐに履修を大失敗してしまったので、大久保さんのコメントを裏切らない自信があります。入学前におふくろと特性のある大学生向けの本をいくつか買ってみましたが、参考になるものが見つからずきっと僕と同じ悩みをもつ学生は少なくないと思います。大学生活は今までの学校での問題行動とはまた違う部分での課題が多いと感じる部分です。

小学校時代の幹之佑君について

千代田小学校元教諭（現非常勤教員）
森脇勝美

私の前に久し振りに（中学2年生以来でしょうか）現れた幹之佑君は、驚くほど背が伸び、でも相変わらずの色白、素敵な笑顔で挨拶をしてくれました。しかし、なぜか今までの彼の印象と違う感覚に陥ったのは、幹之佑君の立ち振る舞いにゆとりがあり、自分の話をせき切って目まぐるしくたたみかけてくるかつての姿とは違っていたからでした。

その日は、18年間の幹之佑君の生きざまを一冊の本にしたということで、貴重な著書を贈呈してくれました。自分のすべてをさらけ出して執筆するということはとてもとても勇気のいることですし、また過去の記憶をたどったり、色々関わってくださった方とコンタクトをとったり、調べることも膨大だし、専門家の方とも相談をしながらの推敲も果てしない作業ですし……その緻密な作業を考えるだけで、本当に彼が……、とただただ驚くばかりでした。そして目の前にいる幹之佑君に頭がさがる思いでした。

私は、千代田小学校で図工専科を8年勤めて退職。その後引き続き低学年や支援級の3組の図工に関わらせていただいて5年目となります。

幹之佑君とは長い付き合いになり、たくさんの思い出があります。小学校3年生のときに支援級から通常級に編入してきた当時は、自分の興味・関心があることに出合うと、周囲のことや時間も気にせず、もうお喋りが止まらない。他の児童に指摘されると、話が止まるどころかキレて食って掛かる……。一対一だと何に対してでも興味・関心が高く一生懸命取り組む熱心な児童が、他人と関わりをもつと豹変してしまう。私としても、幹之佑君の指導や支援は難しく、内心頭を抱えていました。

しかし、図工は幸運なことに、製作中に自由に児童に声を掛け、コミュニケーションがとれる教科です。授業では幹之佑君にあらかじめ流れをあらかた話し、その時に彼の疑問に答え、それでも解決しない場合は授業が終わったらと促すなど、工夫ができました。彼も、このスタイルを理解してくれ、休み時間なども好きな航空機や宇宙開発事業など、様々な知識を楽しそうに話してくれました。

彼の興味ある話を受け止め、彼の特性としての個性を認めるように他の児童に繰り返し理解を説くことで、トラブルも少なくなっていきました。しかし、大きな問題は、製作に関しては著書にもあるように、形の認識が難しく、線がぶれてしまう、思ったように描けない、塗れないなどの困難が次々と起こることでした。理想が高く自分に厳しいのも、幹之佑君の特性かもしれませんが、製作して思うようにいかないと、自己肯定感が果てしなく低くなり「どうせ僕なんか……」となりがちでした。思い通り理想に近づかないと、自らに嫌悪感さえ覚える様子なので、なだめるのに苦労しました。これは、彼の家庭環境、優秀な家庭に生まれた要因がそうさせた面もあるかもしれません。

図工はある面、自己満足な世界です。様々な材料、技法や方法などを駆使しながら、感性を働かせながらつくる喜びを感じ、基礎的な能力を培いながら豊かな情操を養う教科です。

多少線がうまく描けなくても、枠内に色が塗れなくても構わないし、それが個性とも言える。自分が表現したいことに近づけるよう工夫することが一番大切で、人は人だし、自分がつくった作品は自分自身だから大切にするように、などなど声を掛けました。「自分の世界がつくれて楽しい！」と思えるよう、努力を最大限認めるようにしたつもりです。

小学校時代に図工の時間が好きかどうか、直接本人に聞いたことはなかったのですが、毎時間授業が終わると満足そうに、時には課題が終わらなくて、休み時間も進んで残って作業することもあったので、自分の楽しい時間を過ごすことができていたのではないかと思います。

中学校に入学してからも、通院の帰りには必ず主事の山口和夫さんと図工室に私を訪ねてくれました。手には興味ある航空、宇宙開発関係の重い本を袋に入れ、５階の図工室までわざわざきてくれ、丁寧に解説してくれる日々が続きました。中学校では、友達ができたのかしら？　と心配になり聞いたこともあります。すると千代田小の卒業生の活躍やら先生に指導された注意を受けたこと、誰が誰と喧嘩した、自分との関係性などといった情報を話してくれて、教え子たちの中学生活が手にとるように分かりました。

安心したのは、不登校にもならずに学校にきちんと通っている、楽しく過ごしていると彼の口から聞けたことです。

その後、幹之佑君の著書を読み、対人関係では色々苦労や嫌な思いもしながら、当時麹町中学校の校長だった工藤勇一先生という素晴らしい人格者との出会いが、彼の中学生ライフをしっかり支えてくださっていたことが分かりました。

彼の著書で特に印象に残ったことは、本当にすごい人、素晴らしい人は誰かのために頑張れる。人のために頑張る経験を重ねてこそ、自己肯定感は上がるという文章でした。彼はまさしくこの本を執筆することで同じように発達障がいで、様々なことに失敗し苦しんでいる子供たちに向け気持ちを込めて今できる精一杯のエールや生き方を詰め込み執筆したことがよく分かりました。

最後の言葉に、「苦しむのは僕で最後になるように」と記されていることにも、感銘を受けました。「最上位目標を立てる」「自律した生徒になる」。工藤先生によるキャリア教育を重視する教育が、幹之佑君を目ざめさせ、色々なことに挑戦しながら自己変革へと導いたのでしょう。

これからの幹之佑君の人生が、発達障がいで苦しんでいる保護者、子どもたちにとっても、この本とともに勇気と希望をあたえる存在になることと信じています。

PART
4

逆境の乗り越え方

正直に言えば、特性のある子どもの人生は、「ハードモード」です。できないことが多く、他人からも理解されず、苦しいことばかり。息子と他のお子さんを見くらべて、「何でわが子ばかり、こんなに苦労しなくてはいけないのか」と不公平を感じたこともあります。

しかし、だからこそ、逆境を乗り越えたときの喜びも、人一倍大きく感じられます。本書の最後に、人生がどうしようもなくつらく感じたときに、私たち家族が生き延びるために重ねてきた工夫を、お伝えしたいと思います。中には、ちょっとしたこと、あるいはくだらないと感じるものもあるかと思いますが、ほんの少しでも笑ってもらって、明日の活力になれば、これほど嬉しいことはありません。

ヒント
46

「長距離走」だと思って子育てする

「18歳の幹之佑くんが幸せになっていることを第一に考えましょう」

この言葉は息子が小学校に進学する前の就学相談で支援級をすすめられた際、千代田区の発達支援センター（通称さくらキッズ）の当時の所長さんから言われた言葉でした。

この言葉を思い返すたび、就学に関する様々なできごとと、それにともなう感情が胸に湧き上がります。苦しみながらもけなげに頑張っている目の前の6歳の息子を見つめながら、18歳になった幹之佑を想像し、「僕は今すごく幸せだよ」と言ってくれるだろうかと母親として自問自答し続けた日々。今振り返ると、私の子育て人生を伴走してくれた言葉のように感じます。

迷ったときの判断基準

特性のある子どもを育てていると様々なできごとが起こります。どちらを選ぶべきか迷ったときや別の方法を試してみようかと感じたとき、さらにはまったく正解が見えないとき、常に私が判断基準にしたものは「今の幹之佑にとってよいことかどうか」と同時に、「18歳の幹之佑が幸せになる選択かどうか」ということでした。

具体例として、書字障がい（ディスレクシア）への対応があります。息子のディスレクシアに気付いたのは小3で、国内でもタブレットが登場しはじめた頃のことでした。その後ネットなどでディスレクシアについて調べると、お子さんによっては学校にタブレットの持ち込みを許可してもらうことで困り感を軽くしている例を知り、息子にも考えたことがありましたが、本人とも相談をし、結果としては使用しないという判断に至りました。「18歳の幹之佑にとってよいことかどうか」を基準とすると、息子が18歳になる前に学校でのICTの普及が当たり前な世代とまではいかないであろうという予測が立ったからです。

学校で自前のタブレットを利用すれば、当時の息子もすぐに楽になれたかもしれません。しかし、今後中学校にあがり、高校と大学を受験し、18歳になるまでの日本の教育の進歩具合を想像すると迷いが出ました。学校での個別の対応は根気よく頼めば受け入れてもらえるとは思いますが、受験という場面での書字障がいへの合理的配慮は厳しそうです。別室やテスト時間を長くするという配慮はしていただけても、手書き以外の手段が個々に認められるようになるとはとても思えませんでした。

そのため息子と話をして、タブレットを使えればもっと楽な道になるけれども、現時点ではベストとまではいかないこと。そのためには手書きで文字を書く方法を工夫しようということになりました。そこから「ミチムラ式」という漢字カードを利用したり、漢字ドリルをパソコンのUDフォントで打ち直して息子専用ドリルをつくったり、使いやすい文房具を探したり、メガネを調整したりといったありとあらゆる工夫を息子と編み出しました。

今でこそ、学習障がい（LD）という言葉は、子育て世代で知らない人がいないくらいに理解が進みましたが、当時は支援級の先生でも知識が追い付いていない状況でした。特性のある子の前途は決して明るいものに思われず、何を決めるにも相当な覚悟をして検討したものです。

手書きを続けたことは、息子にとってベストな選択ではなかったことは事実です。けれども、手書きを続けたことで選択肢を狭めずに済んだ面もあります。息子は今でも携帯でスケジュールや様々なことを管理するのではなく、何でも手帳にメモをする癖がついていますので（携帯で電話をするときに手帳を見たり、書き込んだりできるのが安心につながるそうです）、苦労が無駄にならなかったことも確かです。

このように、親として子どもに困難な道を提示したり、ときには意見や選択に反対したりしなくてはいけないことも起こります。

物事を判断するときに、はたして自分の視野や判断は目先のことだけを考えていないだろうか、長い視点から見て今必要な選択や子どもへの態度をどうすべきか迷ったとき、「18歳の幹之佑」をイメージすることはとても有効でした。

特性のある子の子育ては、小さな頃ほど大変です。ついつい目の前のことにとらわれがちですが、子育ては「長距離走」であることと「想像力」がつねに頭にあるとよいと思います。

幹之佑VOICE　ゴールが見えていれば頑張れることも

僕から言えることは、当時の自分が選んだ道は平坦ではなかったものの、選んだ選択に間違いはなかったと今でも思っています。苦しい道だけれど、ここまでできれば合格だよと僕だけのゴールを設定して並走してくれる家族の存在がいるほうが、ゴールの見えない楽な道を一人きりで走るより心強いものだからです。

ヒント47

ベストな選択ができなくてもよい

遠い未来が見えなければ近い過去と近い未来を見る

息子が小学校に進学する際、支援級に在籍するという選択は、ベストな選択であるようには私にはあまり思えませんでした。当時の支援級はまだ様々な特性のある子どもを受け入れる体制になっていなかったからです。しかし、だからといって入学時から通常級に在籍することも、同じようにベストな選択ではないことは、母親である私が一番分かっていました。

どうしたらよいのか途方に暮れていた私に対し、入学前に千代田小学校の校長先生でいらした中村守先生（入学時に第7代校長浅川宏先生が着任）は、就学時の健康診断の後の面談の場で、笑顔で息子の様子を見ながら、「幹之佑くんはいつまでも支援級に在籍することはないと思います。通常級に移動する日が来ると思いますよ」と、お話ししてくださいました。

発達支援センターから支援級をすすめられたとき、「前例はないけれど、成長に応じて通常級に移動することはできると思う」、という非常に曖昧で根拠のない言葉は、私には「支援級に進むのを不安に思っている親を納得させるための方便なのでは？」と不信感を抱かせる言葉でしかありませんでした。

そんな時期に、中村先生はプロの教育者として知識と、長い長い教員生活で蓄積した経験値をもとに、息子と似たお子さんの成長プロセスを算段し、息子の少し先の未来をとても具体的に私たちに示してくださったのです。中村校長先生のお言葉は、私の心に希望という光を灯し、入学後に様々な困難が起きたときの心の支えになりました。

その後、息子が千代田区で前例のなかった支援級から通常級への移動が実現できたのも、今、必要な支援が何かという目先の視点だけでなく、同時に少し先にある視野で息子の成長や未来を考えてくださる経験豊富な皆さまからのお力添えがいただけたことが大きかったと思います。

前項で「18歳の幹之佑が幸せになる選択かどうか」を考えて子育てをすると申し上げました。しかし、特性のある子どもを育てていると、遠い未来など想像もできないほど真っ暗闇のトンネルの中に入り込み、どんな判断をしたらよいのか親としてまったく分からなくなる場面も数多く出てきます。

そんなときは、例えば1年前や3年前の頃の子どもの姿を振り返り、そこから1年後や3年後という少し先にある未来の子どもを想像して、質問をしてみるとよいかもしれません。

成長がゆっくりのお子さんでも、1年前や3年前の悩みと、今の悩みがまったく同じというお子さんのほうが少ないはずです。

ですから、行政や学校と話すときは、1年前や3年前といった成長している部分を客観的なデータなどを示して、今後の成長を関係者で共有した上で、「今のわが子にこんなことをしていただけるとベターです」とお願いすると、より適切なサポートを受けられるようになるのではないでしょうか。

息子は20歳になりましたが、それぞれの節目で選んだ道で、今でもこれがベストな選択だったかと聞かれても、絶対にそうだとは言いきれません。別の道を探ったり、動く方向を変えたりしたら、もっとよい方法もあったかもしれないと常に思い続けてきました。

しかし、特性のある子の子育てにベストな方法だけを選び続けることは不可能で、くよくよ思い悩むのは時間の無駄で建設的ではありません。子どもの様子や成長に応じて、親はその都度修正する心づもりでいることで、ベストな道は何かと悩むよりもずっと気持ちも楽になれますし、行政や学校からも協力が受けやすいと中村先生の言葉から学びました。

実はこの息子の就学時健康診断のエピソードには、幹之佑に驚かされた笑い話もセットでくっついてきます。

この日は午前中に保育園にいき、降園後に千代田小でおこなわれる検診に伺う予定でいました
慣れない環境が大の苦手な息子。私は、健康診断に加えて面談がきちんとできるだろうかと、ずっと不安で緊張していました。面談がうまくいかなかったら、進路にも何らかの影響があるのではないだろうかなどと、考えれば考えるほど気が重くなりました。

そんな気持ちでいた私の元に、10時半頃に保育園から電話がかかってきます。小石川後楽園にお散歩に出かけていたのですが、息子が池に落ちて全身ずぶぬれになっているので、ぬれた衣類を入れるために大きなごみ袋を二枚と着替えをもってきてほしいという話でした。

とても寒い日で、先生のお話しでは、ずぶぬれの状態で園まで歩いて戻ったようで、寒さで震えているのであたたかい服装をもってきてほしいそうです。

その後の私は緊張どころではありません。無我夢中で準備をして、園に向かい、先生方に平謝りし、池の水を限界まで吸った衣類のかたまりが入った重いごみ袋を引きずりながら、息子を連れて帰宅しました。息子をお風呂であたためながら、藻やコケで緑色になったコートから何からをお風呂の洗い場で手洗いし、洗濯機に入れて干して、お昼を食べさせて、とすべての準備を終えて、疲労度マックスのくたくたの状態で何とか千代田小での検診に間に合ったのです。

会場についたときには、不安と緊張などはすべて吹き飛んでいました。

受験前に緊張している私に父がよく言ってくれた言葉を思い出しました。「人間、ここぞというときは腹を決めなさい。今さらがたがた騒いでも仕方ない。天にすべてを任せればよい」

「間に合って本当によかった。そのままの幹之佑を見ていただこう」

こうして臨んだ結果、中村先生から希望の光のようなお言葉をいただけたのです。

心配事の97%は起こらないという研究結果があるといいます。人間万事が塞翁が馬。なるようになると覚悟することで、うまくいくこともあるのだと思い知りました。

ちなみにですが、後で息子から落ちたときの状況を確認するには、後楽園の玉砂利で遊んでおり、しゃがみながら少しずつ後ろに移動していたらそのまま後ろ向きに池に落ちたそうです。夫は「水戸藩上屋敷の池に落ちるなんて、さすがわが息子。将来は大物だな」と、私のあの日の苦労など分かろうともせずに、むしろ喜んでいる始末でした。

中村先生のやさしい笑顔を思い出すたびに、ごみ袋の重さと胃の痛みを同時に思い出す私なのでした。

幹之佑VOICE　ほぼ覚えていないのでノーコメントです

中村先生との面談中に机の中の引き出しをひたすら出し入れしていた僕に、先生はニコニコして声をかけてくださったと母から聞いたことがありますが、僕はまったく覚えていません。あの日のことで唯一覚えていることは、気付いたときにはすでに池に落ちていたということ、あとものすごく寒かったことだけです。

ヒント48

「家族の力」と「プロの力」を頼る

家事はプロに任せてもいい

逆境の際、一番避けたいことは、自分一人ですべてを抱えることです。一人で悩んでいると解決策が見えず、自らの命を絶つことが一番の解決策のようにすら感じるので、とても危険です。ですから、私は悩んでいるときほど家族かプロの力を借りるように強くアドバイスを申し上げます。

こう考えるようになったのは、私の結婚生活の経験があります。個人的なことで、長くなるのですが、具体的なエピソードをお伝えしたほうが、アドバイスにも説得力が出ると思うので、少しお話しさせていただきます（興味のない方は読み飛ばしてください）。

結婚してすぐに義父のガンの入院手術と闘病。半年後に義父が亡くなり、相続や様々な手続きと病気の義兄との同居。新婚旅行も一年後に何とか実現。新婚生活らしい時間もないまま、息子を授かり、出産。私は夫と結婚後、こんなジェットコースターのような環境の変化に見舞われました。

息子が生まれる以前に夫の両親は他界し、私の両親も家業で忙しく、息子の妊娠中から私たち夫婦は血縁者にサポートを求めるという選択肢はありませんでした。

しかも、当時の夫は四大渉外事務所（ローファームの激務は業界内では有名）、そこから経済産業省に出向と、仕事にまい進していました。当時は父親が育児休暇をとる風潮はまったくなく、義理の兄と元々夫の家で飼っていた中型犬2匹と同居をしながら、すべての家事や雑事、そして初めての妊娠期間をワンオペでこなしました。

里帰り出産後は一か月で東京に戻ったのですが、陣痛促進剤で苦しんだ上に緊急帝王切開というフルコースですっかり体力を使い果たしたゾンビ状態の私を見て、初めての子育てに戸惑う夫もこのままではいけないと気付いたようです。

とはいえ、夫の家事のスキルはかんたんな料理以外ほぼゼロでした。自分に何ができるのか、夫は友人たちに相談をしたそうです。すると、友人たちは「その環境は相当大変だよ。裕子ちゃんに逃げられたら代わりはいないんだから」と夫に説教してくださり、「楽にさせてあげるためにプロの力を上手に借りたほうがよいよ」と家政婦さんやシッターさんに頼るようアドバイスをくださったそうです。夫や友人たちは海外育ちで、家事を外注することに対して特別なことではないという感覚も大きかったと思います。

夫の友達のツテを頼り、週に2回、平日の数時間にお掃除中心でシッターさんもできるお手伝いさんが来てくださることになりました。

最初はプロに頼るなど主婦失格だという意識があり、家政婦さんに来てもらう前に片付けなどをしていた私ですが、プロの仕事ぶりを見るうちに、ちゃんとお任せしないと逆に信頼してないようで失礼だと思うようにもなりました。

平日にしかあいていない役所や銀行、病院、歯科医にもいけるようになり、家のことだけでなく、私も体のケアができるようになりました。息子は外に連れていくと走り回ってしまい、ベビーカーに座らせてほぼ強制的に押さえつけない限りかんたんな買い物もできなかったのですが、シッターさんは息子と顔なじみになると公園に連れていってくださるようになったので、スーパーで買い物もできるようになり、久しく忘れていた自由を感じることができました。

当時私たち夫婦は、家族内や夫婦の関係を良好に保つための必要経費だと考えて、生活費の無駄を見直し、他を節約することで費用を捻出していました。今では、数時間に数千円で家事を代行してくれる業者も増えているようなので、もし、手が回らないという人がいたら、ぜひ一度、プロの力を借りることを検討されてもよいと思います。家事は、自分でやれば「タダ」なので最初はなかなか外注する気になれないのですが、自分の機嫌をとるために「時間を買う」と考えれば、じゅうぶん価値があるはずです。

行政に頼る

今となっては無知で恥ずかしいのですが、私は息子の発達について悩みに悩んで、ようやく区の保健師さんに相談を打ち明けました。しかし実はそれまで私は、行政に頼ることに罪悪感を抱いていました。行政は普段からたくさんの業務に追われて常に忙しいこと、ただでさえ国の財政が大変なのだから、行政にはできるだけ頼らずに、自分で何とかするのが、国民の努めだと思い込んでいたのです。

しかし、息子の発達に対する対応は、自分たちや民間の機関では限界がありました。発達を専門とする病院の予約はどこも一年待ち。息子を受け入れてくれる私立の幼稚園はどこもありません。

今思えば、すぐに行政の窓口に相談にいけばよいのにと思います。でも、あの頃の私たち夫婦は誰かに頼らずに自分たちで何とかしようと必死だったのです。

もし、私たち夫婦と同じように「周りに迷惑をかけてはいけない病」になっている方がいらっしゃったら、ぜひ私たちと同じ轍は踏まないようにお願い申し上げます。

昔にくらべると、今は行政で用意している子育て世帯へのサポート体制も少しずつ充実してきています。自治体のホームページを見るだけでもどんなサービスが受けられるか情報がしっかり入手できますし、どこに連絡をすればよいかも分かりやすいです。一時は待機児童の問題も深刻でしたが、今はかつてほどではなく、一時保育など、様々な方法の支援が受けられます。育児で疲れてしまったという理由で子どもを預かってもらえる支援や、病後保育、宿泊保育など、私も子育て当時にあったらとても救われたと感じるサポートがたくさんあります。

いつからか、日本では「自己責任論」が強調される風潮が強まった気がしてなりません。そんな中、産んだ自分の責任、誰かに迷惑をかけてはいけない、自分で何とかしなくては、そう考えながら子育てをしているお母さんは、私以外にもたくさんいるのではないでしょうか。

しかし、赤ちゃんが誰の手も借りずに一人で育つことができないのと同じように、お母さんだって一人で子育てすることは不可能です。

ワンオペだったり、わが家のように夫があまり頼りにならなかったりする場合は、とにかく子育て支援課などの地元の行政窓口にまずは相談にいってみることをおすすめします。ご家庭に合った形でプロの力を借りることが大切だと思います。

幹之佑VOICE　お陰で他人に慣れることができた

僕は小さい頃からお手伝いさんやシッターさんがいることが自然に育ちました。おふくろが伯父の主治医に会いにいったり、区役所で様々な手続きをするときに、多動の僕を連れていくなんてとても無理だからです。シッターさんを利用することにおふくろも僕も慣れたおかげで、僕はおふくろしかダメというこだわりをもたずに育つことができてよかったです。僕たちも親を困らせたくてしているわけではないですが、特性のある僕たちを育てることは大変だと思うので、周りをよい意味で利用してほしいです。

ヒント49 もしも「ずるい」と言われたら

よく「ずるい」と言われた息子

特性のある子どもたちが様々な場面で合理的配慮を受けようとするときに、必ずといってもよいほど立ちはだかる壁は、第三者からの「ずるい」という言葉です。

私たちも学校側に配慮をお願いしようとするたびに、この「ずるい」という言葉を理由に断られることが何度もありました。クラスの他のお子さんから「幹之佑さんだけ特別扱いはずるい」という声があがることで、学校運営やクラス運営がうまくいかなくなるから、対応できないと言われるのです。

2016年に障害者差別解消法が施行されたことにより、障がいのある子どもが他の子どもと平等に学べるように国公立の学校で合理的配慮をおこなうことが義務化されました。

けれども、実際の学校で合理的配慮を求めても、教師の知識不足や経験不足、手が足りない、先生一人ひとりの負担が大きいという理由に加え、そもそも合理的配慮をおこなうことは「ずるいこと」なのだという先生側の意識により、配慮を十分に受けられないままの子どもたちもたくさんいるのが現状ではないでしょうか。

「ずるい」という子は何かを伝えたがっている

そこで役に立ったのが、呼び出し常習犯の母親としての経験でした。

他の保護者の方たちとはくらべものにならない時間を、学校で過ごしてきた私には、「ずるい」というお子さん、それから「ずるい」という言葉に反応しやすい先生の特徴が何となくつかめてきたのです。

「ずるい」と言い出すお子さんには、とある共通点がありました。

それは、私が学校に来ていることが、気になって仕方がないということです。

そうしたお子さんには、2つのタイプがありました。一つは、特性のある息子とは真逆で、器用で何でもできて、人と話すのも上手で、私の姿を見ると話しかけてくるような人懐っこいタイプのお子さんです。

もう一つは、優等生で目端がきき、ふと気付くとこちらを見ているような、でもいつも遠巻きに見るだけで話しかけてくる様子はない、そんなお子さんです。

そして、よくよく観察していると、学校行事などの色々な場面でそのお子さんの保護者の方をお見かけする機会は、非常に少ないということにも気付いたのです。このことについて、私は保護者の愛情不足から「ずるい」という言葉が出るのだという結論に導くのではありません。

お仕事や家庭の事情によっては、なかなか学校に足を運ぶことが難しいご家庭はたくさんありますし、学校に保護者があまり足を運ばない＝放任＝愛情不足と結論づけることはあまりにも短絡的で安易すぎます。

私の両親のように子どもと過ごす時間に限りがあっても、精一杯の愛情をもって、一生懸命子育てされている保護者さんも世の中にたくさんいらっしゃいます。

では何が「ずるい」という言葉につながるのかと考えているかと言いますと、こうしたお子さんたちは一見何でもできているため、学校や先生、保護者などの大人に「この子はこのままで大丈夫」と安心され過ぎていて、本当は困っているのに周りに気付かれにくいということです。彼らは、よい子でいないといけないという気持ちが人一倍強くて、自分から配慮を言い出せずにいるお子さんたちだと感じたのです。

これはあくまで私見ですが、特性のある子の中でも、息子のような問題行動が出やすい子のほうが、どちらかというと二次障がいになりにくいのではないかと思っています。

問題が表面化しやすいので、親にも学校にもすぐに対応してもらえるからです。

「自分なりに我慢している」と息子は言いますが、必死でよい子を演じようとしている同級生にくらべれば、ある意味で、自分の感情を隠さず「自己表現」に長けているとも言えます。

私自身も、子どもの頃に忙しい両親に心配かけないようによい子でいなくちゃと、学校に馴染んで「普通の子」に見えるように必死で「擬態」をした経験があるので、それにくらべると息子は、「やりたい放題」でうらやましいと感じる面もあります。もちろん、問題児扱いされるのは非常につらいことで、その苦しみは他者には推しはかれないものがあるとは思いますが、反面では、苦しみに気付いた人から手を差し伸べてもらえるところもあります。

そんな息子を見て「自分も我慢して、頑張っているのに報われない、気付いてもらえない」と思うお子さんの環境に対する無念さが、「ずるい」という言葉に凝縮されるように思えるのです。

つまり、「ずるい」という言葉をなくすには、「ずるい」と言われる対象である子どもや周囲の環境に問題があるのではなく、「ずるい」と言う側の子どもの自分を認めてほしい気持ちや、自分も困っているというサインに大人が気付く必要があるのです。

そのために必要な第一歩は、まず「かわいそう」という言葉をなくすことだと考えます。

かわいそうという言葉は、自分よりも上の立場や対等な相手には使いません。「自分はかわいそうな側でなくてよかった」という安心の言葉です。

私は教育の専門家ではありません。しかし門外漢だからこそ、学校を客観的かつ間近で拝見する中で、学校には一見何の悩みもなさそうでも困っている子がたくさんいることに気付きました。当事者のお子さんやその家族が学校にどう申し出るかとか、何をお願いするかというテクニック的な内容の問題以前に、教育の場にいる側の意識改革が必要とされているような気がしております。

146ページで申し上げた帝京大学の教職フォーラムでも、特性のあるお子さんをサポートする現場の先生方が「ずるい」という言葉にどう対応するか頭を悩ませていらっしゃることを知りました。

学校に息子のような特性のある子どもたちの居場所が当たり前のように存在していてほしいと願うと同時に、すべての子どもたちにとって学校が居心地のよい場所であってほしいと願っています。「ずるい」なんて言わなくて済む場所になるよう、僭越ですが問題提起を申し上げたいと思います。

幹之佑VOICE　言葉の裏側を考えてみては?

僕の学校生活は「ずるい」という言葉との闘いでした。僕から見たら何でも当たり前にできる普通の子たちのほうが「ずるい」のに、なんでできない僕のほうが「ずるい」と言われるのか不思議で仕方なかったです。先生たちには周りの生徒の「ずるい」という言葉の裏にある本心を変換する「ほんやくこんにゃく」の能力を身に付けてもらえたら嬉しいです。工藤先生はこの能力がすごくて、生徒の本音をずばり言い当てるので、僕たち麹中の生徒はみんな本音を学校に言いやすかったです。

ヒント 50

子どもに自分の「ルーツ」を意識させる

支離滅裂な話でも黙って聞いてくれるご先祖様

私の実家の宗派は曹洞宗で、菩提寺である東龍寺さまに毎月欠かさずお墓参りをするなど、神仏をとても大切にする一族です。

父の朝は水垢離《みずごり》と写経ではじまります。毎朝3時に起き、真冬の想像を絶するほど冷たい雪国の水を頭からかぶり、身を清めた上で写経をするという、本職の僧侶顔負けの生活を40年以上前から続けているのです。私も、高校時代に母が救急車で搬送され助からないのではないかというときに、いてもたってもいられず父の見様見真似で早朝に水垢離をしたことがありますが、あまりの冷たさに、母より先に私のほうが心臓発作を起こすか凍死してしまうのではないかと思ったくらいの苦行でした。

そんな信仰心の篤い家で育った私ですので、お墓参りはどこでも当たり前の習慣だと思いこんでいたのですが、夫と結婚してみると、西川家のお墓やお仏壇の状況には絶句をするしかありませんでした。

婚約後に、夫と義父とお墓参りに多磨霊園を訪れると、お墓の周りは腰の高さまで雑草が生い茂るジャングルのような状態で、草をかき分けながらお参りする必要がありました。

自分たちの奥さんやお母さんが亡くなっているのに、こんな状態でよいの？　と唖然としましたが、夫は「わびしい感じが山寺みたいでいい感じ」と笑うだけです。義父も、非常に頭のよい方でしたが、お墓を守るということには興味がなさそうでした。

こりゃだめだ。私が何とかしなくては、と毎月お墓に通い続け、地道に手入れを重ねました。義妹には「裕子ちゃんはお墓が趣味だから」と言われたほどです。しかし、特に義両親が亡くなって以降、できる親孝行は、子孫である私たちが幸せに生きること、そして幸せであることをお墓参りで報告することだけだと考え、この習慣を大切にしてきました。

23年経った今、お墓はとても綺麗な状態になりました。供養の大切さを率先垂範で示したため、今では夫も当たり前のことと受け止めてくれるようになりましたが、西川家に先祖を大切にする習慣を根付かせる苦労は並大抵ではなく、親から子へと継承していく積み重ねの大切さを痛感しました。

なぜ私がここまで、お墓参りや家のルーツを大切にするかというと、人生は決してよいことばかりではなく、つらいときには、目に見えない先人の存在が心のより所になると考えているからです。

私たち家族は、お墓参りにいくと、まず最初にお掃除をします。そのあとにお参りをするのですが、そのお参りの仕方がわが家流で、家族全員が順番にお墓に向かって、前回お参りしてから今日までに起こったことの報告や、今考えていること、悩みや願いなど、それぞれが色々なお話しをします。

息子にとって、特に言葉をうまく話せない時期には、お墓参りでご先祖様にご報告したり悩みを聞いてもらったりする時間は、物事を順序立てて何を伝えるか考えながら丁寧な言葉で話すとてもよい機会となりました。話し方が下手だろうと、支離滅裂な内容だろうと、ご先祖様は決してバカにしませんし、じっと黙って聞いてくれるので、何でも素直に話せます。

私も息子の子育ての悩みをたくさん聞いてもらいました。疲れ果てて苦しくて仕方ないとき、つらいときなどは一人でお墓にお参りにいき、愚痴を聞いてもらったものです。話を聞いてもらう相手としてふさわしいのは、生きている人ばかりではないのです。

そして無心で掃除をして綺麗になったお墓を見ると、喜んでもらえているようで、とても気持ちがよくなります。来る道は死にたいくらいつらかったのに、帰り道にはもう少し頑張ろうと涙も乾くから不思議です。

私たち、特に特性をもつ子や家族はどうやって生きればいいのか、まったく分からなくなってしまうことがあります。そんなとき、自分の前の世代の生き方に思いをはせることで、ヒントや行動を変えるきっかけを得ることができるので、もしよければ、お出かけしてみてください。

偉人のお墓参りが趣味になった息子

ちなみに、西川家の宗派は日蓮宗で、菩提寺は西新宿にある常圓寺さまです。常圓寺さまには、東京駅の設計で有名な建築家・辰野金吾さんのお墓があります。鉄道が大好きな息子は辰野金吾さんのことを小さな頃から尊敬しており、法事などでお寺に伺うときは墓参することが楽しみの一つでもありました（余談ですが、辰野金吾さんの息子の辰野隆さんは私の大好きな評論家である小林秀雄を育てたことで有名です）。

息子は辰野さんをはじめ、全国各地で歴史に名を残した偉人のお墓参りをすることで、知見を広げることもできましたので、この点でも、ルーツを大切にする習慣を続けてきてよかったと感じています。

そしてこれもまた余談ですが、海外からのお客様が家に遊びにいらっしゃると、夫は一族の紹介だと言って、お仏壇の位牌を「これはひいおばあちゃん」「これはおじいちゃん」と説明するのですが、「Wow! Cool! How do you do Grandpa」と妙に喜ばれます。

夫がお仏壇をおもちゃにして遊んでいる気もしないでもないのですが、西川家にも神仏が身近な存在となったことは確かなようです。

幹之佑VOICE　楽しい家族の行事の一つ

おふくろのおかげで毎月家族で行くお墓参りは恒例行事です。多磨霊園に向かう途中にある「ゴリラ ラーメン」のキッズラーメンは妹のお気に入りです。僕はいつもゴリララーメンの大盛りです。父方の祖父母には直接会うことはできませんでしたがいつも守ってもらえていると感じます。家族皆でいくことが当たり前というお墓参りの習慣があることはとてもよいことだと思っています。

ヒント51

親のよいところは受け継いで、負の遺産は次世代に残さない

両親から学んだこと

何度か書いていますが、私の実家の渡邊家は、なかなか複雑な過去をもっています。父は、祖父（父の父）が愛人とともに失踪したため、高校生で家業を引き継ぎました。その際、社員は全員辞めてしまい、残ったのは借金ばかりで、0どころかマイナスからのスタートでした。しかし、死に物狂いで働き、2022年9月現在、グループ全体で1264人の社員を抱える企業に成長しました。

その過程は決して順風だったわけではなく、むしろ逆風のときが多かったようです。家業が大変なときは、私たち子どもたちにも協力してねと母は正直に話してくれました。そんなときは不安で仕方なくなりますが、理由が分かるほうが親に内緒にされるよりもずっと嬉しいことでした。

逆境を乗り越えてきた両親は、常々渡邊家の悪い部分は自分の代で終わりにする、次の代に負の遺産を残さず徳を残したいと言っていました。

負の遺産とは、借金だけではありません。家庭の生活習慣、物事の考え方、受け止め方や癖など、日常の

こまごましたことも入ります。

子どもたちは、親が言葉で伝える以上に親の姿を見て育つ。どんなに親が取り繕っていても、子どもは親の本当の姿をありのままに見ており、大人になったときに親の一番嫌なところが似るようになる、だから恐ろしいんだよ、と母は口にしていました。

息子が自著で「誰かのためになることをするというのは、天に貯金をすることだ」という祖母の言葉を紹介していましたが、実はあの言葉には続きがあります。それは、「親である自分たちが使うために天に貯金をするのではなく、子どもたちや孫、そのまた先の世代が困ったときに天から助けてもらえるように徳を貯めておきなさい、目の前で困っている人を助ければ、いつかまわりまわって自分が一番助けたい人を助けてもらえるから」という言葉です。耳にタコができるくらいに何度も何度も言われてきましたが、年を重ねるごとにその通りだな、よい言葉だなと思います。

親が子どもにしたことは、子どももきっと誰かにすることになる

私は息子が生まれてから、母の言葉を、「親が特性のある子のそのままを受け入れることができなければ、その問題は次の世代に持ち越される」という教えなのだと受け止めるようになりました。息子のことを愛していることに間違いはありませんが、子どもにできないことがあったり、感情を爆発させたり、一方的な言

い分に終始したりなど、ときにどうしてもネガティブな面に目が向いてしまうことがあります。

けれども、そこで親の私が息子の人格を否定したり、拒絶したりすれば、きっといつか息子は誰かに同じことをしてしまうはずです。親が次に問題を残さない覚悟で息子と真剣に向き合い、認めることが、私たちが亡き後の息子の幸せにつながります。そう考えて、子育てをしてきました。

夫もまた、家族間の不仲や実兄の病気など、西川家の色々な問題を一人で抱える役割を負ってきました。そんな問題に加えて、優秀が当たり前だと育った夫が、「普通」や「当たり前」ができない息子を受け入れることは、私が考える以上につらく苦しい過程だったはずです。ときに息子に声を荒げては後悔するといった夫の葛藤を、私は目の当たりにしてきました。

男性の育児参加が進んできましたが、それでもまだ日本では、母親が子どもを一人で育てる立場に置かれることがほとんどです。子どもが問題行動を起こしたり、トラブルを抱えたりしても、正面から向き合わずに、それなりに日々をやり過ごすことだってできます。

けれども、夫は逃げませんでした。次の世代に残さないように、兄を認めよう、息子を受け入れようと様々な努力をし、ときには失敗しながらも前に進んできました。本当に覚悟があり、勇気のあるすごい夫、父親だと心から尊敬の気持ちがわきます。

私はよい妻ではありませんし、日々反省することばかりではありますが、これからも夫と力を合わせて、協力しあい、家族っていいなと心から夫にも息子にも、娘にも思ってもらえるようになりたいと心から願っています。

そして、いつか子どもたちに、感謝されるほどではなくても、パパとママにしてもらって嬉しかったことがあれば、誰かに分かち合ってもらいたいと思っています。

幹之佑VOICE 祖父母や母から学んだこと

新潟の祖父母から色々な話を聞くことが僕は大好きです。経験から学んだ言葉は力強くて、僕もよしやるぞ！　と行動を起こしたくなります。おふくろのよいところは、気付いたらすぐ行動するところです。外を歩いていて白杖を持っている人を見たり、道で困っている人を見かけたり、僕のような特性のあるお子さんをつれているお母さんがいると何か自分でお手伝いできることはないかと迷わず声をかけます。お節介と言われても我慢できないんだも～ん、と笑いますが、そこがおふくろのよさです。僕もおふくろのお節介が似たようですが、よい意味の連鎖なのだと思っています。

ヒント
52

親も感情を殺さず、子どもに伝えることで理解し合える

打ってもまったく響かなかった幼い息子に抱いた感情

２０１９年3月から２０２２年11月にかけて、かんき出版より3冊の本がシリーズで発刊されました。題名は『子どもの気持ちがわかる本』というもので、1～5歳、6～11歳、12～17歳、の3つのバージョンがあります。このうち、12～17歳バージョンの帯に工藤先生が登場されています。

著者はイザベル・フィリオザさん。フランス人の心理療法士の方で、このシリーズはフランスで合計60万部となり、世界中で翻訳されているベストセラー子育て本です。

私がイザベル・フィリオザさんの本に初めて出合ったのは、２００６年のことです。当時息子はインターの幼稚園を一日で退園となって区立の保育園に通っており、毎日つらくて苦しくて、息子と心中しようと考えてはやめるということを繰り返していた時期のことです。

当時は、『子どもが育つ魔法の言葉』シリーズのドロシー・ロー・ノルト博士の詩が世界的な大ベストセラーになっていました。この中の「子は親の鏡」という題名の詩を読んで、私はさらに絶望します。この内

容は、悪い言葉をかけられた子は、悪い子になるというようなものでした。言葉が出ないのも、感情のままに道に転がって動かないのも、この子の問題はすべて親である私の姿を映しているんだ。息子の問題行動は、そのまま親の責任である。そんなふうに感じられ、私は一人で追い詰められていました。

今、冷静になって読めば、この詩は定形発達のお子さんの子育てで大切なことを教えてくれる内容でした。打てば響くように、見つめたら見つめ返してくれる、微笑み返したら笑い声をあげてくれる、手を差し伸べれば握り返してくれる、そんなお子さんとお母さんは「合わせ鏡」のようだよと示唆したやさしい詩だったのです。

ですが息子の場合は、抱きしめれば全力で逃げようとして、手を放せばどこにいくか危なくて力任せに手をつなぐしかありませんでした。母をどんなふうに認識しているのかといえば、食べ物や何かがほしいときのマシンか何かのように思っているのではないかとしか考えられませんでした。かつての私にとって、息子は自分の合わせ鏡どころか、宇宙人ミーツ地球人。異次元の存在同士のように感じられていたのです。

そんな私の心を救ってくれたのが、イザベル・フィリオザさんの『やさしさと強さを伸ばす　未来をひらく愛の子育て』（ＰＨＰ研究所）でした。

イザベル・フィリオザさんが好きすぎて、日本語訳の本はすべてもっていますし、今でもバイブルのように手元に置き、思いつくと読み返して、何度も何度も味わうように読みこんでいます。いつか息子の本をもってフランスにいき、私たち親子を救ってくれてありがとうとフィリオザさんに直接お礼を伝えたいと夢見ているくらいです。

フィリオザさんの子育て論は非常に独特です。かんき出版から出ている3冊はQ＆A式の実践的な本なので取り入れやすいですが、私の愛読書である『未来をひらく愛の子育て』は、非常に広く深い内容なので一度読んだくらいでは実践につながりにくいです。

というのも、フィリオザさんは子育てで最も大切なことは、まず親自身が「感情について知ること」だというからです。

子どもの言動になぜ過剰に反応をしてしまうのか、なぜイライラしてしまうのか、なぜ子どもにそんな言葉を言いたくなるのか、なぜ子どもは親を怒らせるようなことをあえてするのか、こうしたことは、子どもが原因なのではなく、もっと別のところに問題があること、別の視点から物事を見る必要性を教えてくれます。少し引用させていただきます。

（略）子どもたちは、私たちに対して、〈完全である〉ことを求めているわけではない、ということです。彼らは私たちに対して〈人間的である〉ことだけを求めているのです。

私たちは、間違いを犯さずにはいられません。何かを学ぶためには、間違いを犯さざるを得ないのです。最初から〈よいお母さん〉あるいは〈よいお父さん〉になろうとするのはやめましょう。それよりも。子どもたちが何を必要としているかを感じ取ろうとすることの方がはるかに大切なのです。」（p12より）

「（略）私たちは、親としての限界に突き当たらざるを得ません。自分自身に直面しなければならなくなります。まだ癒されていない自分の傷にも向かい合わなくてはなりません。子どもは必ず私たちを非難するでしょう。でも、それは、彼らが成長し、私たちから離れていくために、どうしても必要なことなのです。

（略）自分への要求水準をあまりあげすぎないようにしましょう。自分に対してもっと寛大になりましょう。そして、あなた自身の感情を表現し、あなたのニーズを表明しましょう。

子どもの言うことに耳を傾けましょう。子どもが緊張から解放されるようにしてあげましょう。

子どもが感情を吐き出せる空間を確保してあげましょう。そうすれば、子どもは、人生のあらゆる困難を乗り越えることができるようになります。」（P14〜15一部抜粋）

この本を読んで、私は感情というものについて、考えを深めることができました。そして、息子はときどき感情を爆発させますが、親としてその感情を裁く必要はなく、子どもの言うことを理解しよう、知ろうとさえすれば理解不能な異質なものではないのだということが分かりました。

私たち日本人は、激しい感情は悪いことだと否定しがちです。学校でも家庭でも、大人から「そんなことで泣くんじゃない！」と怒られたり、「ほら、また怒っている」と茶化されたりします。何かを感じること自体を禁じられ、抑制することが美徳と教えられてきました。

けれども、感情を押し殺していては、いつまでたっても他人と理解し合うことはできません。私たちは感じていることを伝えることで、はじめて他者との差異を認識し、乗り越えようとすることができるのです。

これは、後に息子が麴町中学校に進んで学んだ、「対立は起こるもの。心はコントロールできないけれど、行動はコントロールできる」という工藤先生の考えにも通じるもので、両者の共通点を見つけたとき、私は一人深くうなずいたのでした。

自分の経験した悪いこともつらかったこともよいことも、子どもたちに隠すことなく率直に話し、子どもと同じ目線で笑い、泣き、悩み、ときにはともに怒ればよい。それが親子の相互理解につながっていくのです。

何でも子どもに打ち明けたら、親の威厳がなくなると言う方もいるかもしれません。しかし私には、子どもの感情を軽んじ、表現することをバカにして、自身の気持ちを押し殺す機械のような親を子どもが心から尊敬し、親のようになりたいと思うとは考えられません。

もし、子どもへの怒りがおさえられなくなったときは、フィリオザさんが書かれている質問を自分自身にするとよいと思います。

「私にとって何が一番大切なのだろうか？」

フォリオザさんは、子どもが失敗したときにとっさに親が無意識にとる行動のほうが、言葉よりもはるかに多くのことを子どもに伝えると述べています。

「（略）あなたはカーペットが汚れたと言っては、子どもに屈辱を与え、傷つけるのですが、そうやって傷つけられた子どもは、お母さんにとって、自分よりもカーペットの方が大切なんだ、と思うようになります。

そんなことをしておいて、あなたがいくら「～ちゃんの事が大好きよ」と言ったところで、子どもはそれを本気にしません。」（P68より抜粋）

引用していて、私自身も耳が痛くなる言葉ですが、子育ての自戒の言葉になっています。もっともっと取り上げたいことがたくさん書かれているのですが、紙面が足りませんので、ご興味をもたれた方はぜひフィリオザさんの本をお手にとってみてください。

幹之佑VOICE　フィリオザさんと工藤先生の共通点

留学していた印象で、おやじがイギリス人っぽい（皮肉屋で合理的）なら、おふくろはフランス人っぽい（感覚的で話し好き）と前から感じていましたが、ファッション好きなだけでなく、まさかフランス人の心理療法士の方の本を愛読していたことが理由だったとは衝撃でした。おふくろの文章を読んでいて、この本は先生たちにも読んでほしいと思いました。僕たち生徒の人格よりも学校運営や授業、宿題をこなすことを優先する先生にも「私にとって何が一番大切だろうか」と考えてほしいからです。フィリオザさんの言葉は工藤先生の「目的と手段を間違えるな」という言葉にも通じます。

ヒント
53

ハプニングや失敗、つらかった経験を笑いに変える

苦しいからこそ楽しい特性のあるわが子の子育て

息子の著書を読んでくださった方からの感想で、母として一番反応に困るのが、「子育て大変でしたね。苦しかったでしょうね」と深刻な反応と受け止め方をされることだったりします。

何せタイトルが『死にたかった発達障がい児が自己変革できた理由──麹町中学校で工藤勇一先生から学んだこと』という重いもの。息子が小3で抱いた「死にたい」という感情と、その後麹町中学校で人生を一変させたことを言い表すために、編集の大久保さんがお決めになられたものです。

なぜ反応に困ったかというと、子育ては確かに苦しかったし、大変ではあったけれど、息子との20年間は、深刻な面だけでなく、楽しさや笑いといった面もたくさんあったからです。私は、小さな頃からどんなにつらいときでも笑顔だけはなくさないようにという両親の言葉を胸に、日々息子に向き合ってきました。つらいことがあっても、家族皆で笑い飛ばすことで、生きるエネルギーに変えてきたつもりです。

そのため、内容が盛りだくさんの本で、長い間タイトルに頭を悩ませていた大久保さんには悪いのですが、

正直に言えば、私たち家族の古い知り合いからは、題名と私たち家族のイメージが合わないという感想が寄せられました。たぶん、私たち家族のアホさ加減も皆さんよくご存知で、いつも笑っていて、一見悩みなどなさそうなイメージをおもちなのです。

ただし、息子の著書は、知名度ゼロなのに発売前重版にもなり、あっという間に4刷になるなど、たくさんの方に手にとっていただけたので、大久保さんの読みは間違いなかったのでしょう。私も息子の本の出版の企画が通った日から好きな食べ物を一年間断つことで願掛けし、一人でも多くの方に手にとってもらうために出版業界の仕組みや本のマーケティング、プロモーション方法などを本やネットで調べました。実家の父や兄も幹之佑のためならばと動いてくれ、夫と息子と何度も相談を重ねた上で自分たちでできる手を尽くしてきました。そんな私たち家族にとって本の反響は何よりも嬉しいご褒美となりました。

話しを子育てに戻します。もちろん、特性のあるわが子の子育ては大変でした。苦しかったです。これは当事者にならなくては分からない大変さだと思います。

皆さまにずっとご迷惑をおかけしてばかりで申し訳ないと思い続けながら生きることは、本当に苦しいことでした。実際、何度も親子で死のうと考えました。周りに迷惑をかける人間が幸せになりたいと考えることすらおこがましいと、ずっと思ってきました。

けれども、同時に私は、特性のあるわが子の存在を傾奇者《かぶきもの》としておもしろいとも思い、子育てが苦しいと感じるだけでなく、楽しいと感じてきたことも事実です。正確に言えば、むしろ苦しいからこそ、楽しいのだと感じてきたように感じています（Mッケがあるわけではありません）。

こんなふうに負の感情を受け止めて、ポジティブな力に変えられるようになった原点には、母の教えに加え、私がバイブルとしている一冊の本の存在があります。ナチスの強制収容所から奇跡的な生還を果した精神科医であったヴィクトール・E・フランクルの名著『夜と霧』（みすず書房）です。

苦しみを笑い飛ばす「逆説思考」

この本は、過酷な環境の中で囚人たちの絶望と生きる意味、希望についてどう感じどう考えていたかが克明に書かれています。フランクルが度々述べているのは、絶望しかないと思える収容所でも、生きる意味を見つけることができた人だけが生き残ったこと、そのためにはユーモアが必要であるということです。

「ユーモアもまた自己維持のための闘いにおける心の武器である。周知のようにユーモアは通常の人間の生活におけるのと同じに、たとえ既述の如く数秒でも距離をとり、環境の上に自らを置くのに役立つのである。」

フランクルは収容所から奇跡的な生還を遂げると、精神科医として多くの患者と向き合い、苦しみを感じている自分自身を笑い飛ばすことで苦しみと距離を置くという「逆説思考」を確立しました。

私はフランクルから、人が不幸に絶望するかどうかは環境だけで決まらないこと、ユーモアの精神が苦しみの中の救いとなり、生きる力を持ち続けることができると学びました。

ヒント46で述べた通り、特性のある子どもの子育ては、長距離走のようでした。幼児期、学童期、思春期、成長の過程で何度も何度も、様々な人や機関と相談を重ね、何とか理解を得るよう努力し、それでも上手くいかなければ再考し、努力が報われるかどうかも分からないまま、手探りでひたすら走り続けるレースに挑むのです。しかも、そのつらさは、なかなか周囲に理解していただけません。親が、腹を割って必死で本音を話さない限り、学校も病院も本気となって息子のことを考えてはくれません。子どもをどれだけ受け入れ、理解し、愛しているか、その気持ちがどれだけ強いか、親の本気も試されるのだと学びました。

私たち家族が長距離走を何とか走り続けることができたのは、ユーモアという「燃料」の補給をすることができたからでした。家族全員が、常にユーモアを忘れずにいられたことで、特性のある子の子育てを楽しむ余裕がもてました。

ですから、わたしたち家族は、周りから見るよりも、存外楽しく幸せです。

子育てで悩むご家庭がおられましたら、ぜひ長距離走の「燃料」を探してみてほしいと思います。わが家の場合はユーモアでしたが、ご家庭によって、家族共通の趣味や好きなレジャー、自然環境、ペットなど、相応しい燃料は違うはずです。

笑いが感謝と許しにつながる

ここまでお話して、わが家のアホさ加減や、つらさを乗り越えるほどのユーモアとはどんなものだろうと気になった方もいるかもしれませんので、余談も含めていくつかのエピソードを申し添えたいと思います。

人生を振り返ると、私のそばには常に人生の悪いことも何もかもを笑いに変える兄と夫という存在がいてくれました。私の実家の渡邊家も、夫の実家の西川家も、小説家でも想像できないくらい複雑で問題の多い家系でしたが、子ども時代の寂しさは兄が、結婚してからのつらいことは夫が全部笑いに変え、私は今日まで幸せに過ごすことができたと思います。

私たち兄妹は、小さな頃から両親が家業で忙しく、母方の祖父母の家に預けられることが多かったです。兄は親の目が届かないことをこれ幸いに、祖父母の家で、同じように預けられていた母方のいとこの男の子たちといたずらの限りを尽くしていました。

祖父母の家にあった古い大きな木箱から鬼が出てきて追いかけるという、兄が考案した斬新なスタイルの「かんおけ鬼」では、ゲラゲラ声を上げて大興奮したものです。兄が「チキンレースするぞ」と言えば、いとこの皆で近所のドブ川に向かって自転車レースをして、全員落ちて泥水まみれで帰宅して祖父母に怒られるなど、親のいない寂しさよりも、大笑いをした思い出のほうが勝ります。

お酒を飲むと機嫌がよくなるからと、愛人宅で好きなだけお酒を飲まされてアル中状態になっていた父方の祖父の震える手を見ながら、「裕子、じいちゃんの手は自動しゃぶしゃぶ機になっていて便利そうだな」と言って笑わせたり、戒名は「好色院」という院号にしようと祖父と楽しそうに盛り上がったり（祖父もおおらかな人でした）、兄には身内の失敗も何もかもを愛し、笑いに変える才能がありました。お陰で私は、父方の祖父母に対し、両親を苦しめた存在だと憎むのではなく、欠点も含めて人の魅力なのだと受け入れることができました。

夫も出会ったときから常に私を笑わせ、ときには不謹慎なブラックジョークでドン引きさせてくれながら、私が物事を深刻に考え過ぎて病まないようにと導いてくれました。

息子が小さな頃は、外出先でじっとしていられず泣きわめくと、活きのよいマグロを抱きかかえるようにして、必死で移動しました。このとき夫は毎回「♪伊東にいくならハ・ト・ヤ、ハ・ト・ヤに決めた♪」と歌うので、シリアスな状況でも何だか温泉街に向かうがごとくゆるい気分になったものです。

息子は歯科医に通うのも、内科の診察を受けるにも、髪の毛を切るだけでも、何をするにも大暴れで毎回『プロジェクトX』（本書を通じて、自分の比喩の古さが気になっておりますが、昭和世代には通じますよね）ばりの大変さでした。そんなときでも、夫は息子の大きな「ワイワイのりものビデオ　しんかんせん、とっきゅう大集合」を一緒に見ながら、コアラの主人公である「ワッツ」と「ノリジ」の「駅弁が買える〜」というセリフに反応して「ふるさとはオーストラリアとか言っているくせに、なんで駅弁に詳しいんだ」とどうでもよいツッコミを入れたり、トミカシリーズのＤＶＤを見ながら、ミスターＴというレーサーのトミカ人形が悪者のワルインダーにつかまって木にぐるぐる巻きにされている姿を指して、「この人はニコニコしながら縛られているから変態なんだよ」と幼い息子に教えたり、夫が関わるとたんにつらい思い出が浮かばないのです。

あるとき、夫は「嫌いな人に頭にきて手を出したら怒られるけど、想像の世界なら許される」と息子に教えたようです。嫌なことがあると、夫が指令を出し、息子が空軍パイロットとして互いに無線でやりとりする「トップガン式空爆要請ごっこ」で、ターゲットを粉々に破壊するようになりました。

他にも、ビルの爆破解体などに使われるダイナマイト・プランジャーを押し込んで爆発させる「特攻野郎Aチーム・オープニングごっこ」や、「宇宙戦艦ヤマト」の波動砲を発射するといった空想の破壊行為に興じて、爆笑するのです。すると息子はイライラも忘れて、何もかもどうでもよくなって許せるようになるのだそうです。普段は意見や考え方の違いなどをめぐり喧嘩もする夫と息子ですが、こういうときに妙に気が合うのですから、おもしろいものです。

笑いは感謝と許しにつながる、すごい感情だと思います。怒ってばかりの息子が少しずつ変わることができたのも、振り返ってみると、息子が自分自身で怒りのできごとを笑いに変えるようになってからです。

私は夫と子育てを振り返ったときに、当時の悲しみや怒りの感情のままではなく、笑いながら話せることを幸せに感じます。

いつか子どもたちが年をとり、私たち夫婦のことも懐かしく笑いながら思い出してくれるように、これからもたくさんの失敗をしながら、家族皆で笑える話を残していきたいものです。

幹之佑VOICE

おやじもかなり変ですが、おふくろの実家の渡邊家の皆もかなり変で、僕ですら啞然とする出来事が起こるのでびびります。僕一人が浮くこともなく、居場所がないと一度も感じたことがないのはハチャメチャな一族の元に生まれたおかげです。それと最後に出てきたおやじ発案の「トップガン式空爆要請ごっこ」は僕もかなり気に入っています。大体おやじが空母のエアボス（指揮官）役、おふくろが発艦指令を出す空母のカタパルト・オフィサー（別名レインボーギャング）役、僕が戦闘機パイロット役です。（ちなみにおふくろがやたら昭和な言葉を好むのも、昭和を愛する僕の影響のせいです。すみません）

ヒント 54

他人と自分を比較してはいけない

『ゲシュタルトの祈り』との出合い

私は私のために生き、あなたはあなたのために生きる。

私はあなたの期待に応えて行動するためにこの世に在るのではない。そしてあなたも、私の期待に応えて行動するためにこの世に在るのではない。

あなたはあなた。私は私。
もしも縁があって、私たちが出会えたのならば、それは素晴らしいこと。たとえ出会えなくても、それもまた同じように素晴らしいことだ。

——Fritz Perls, "Gestalt Therapy Verbatim", 1969

ドイツ系ユダヤ人の精神科医のフレデリック・S・パールズがはじめたゲシュタルト療法において、その思想を盛り込んだ『ゲシュタルトの祈り』という詩です。

私がこの詩に出合ったのは、中学1年生。13歳のことでした。父の机の上に、父が出かけた講演会の資料と思われるパンフレットに印刷されたこの詩を見つけたときの衝撃は言葉では言い尽くせないほどのものでした。

はじめに読んだときは、なんて人を突き放す冷たい言葉なのだと憤りさえ感じたにも関わらず、同時に周りに期待する気持ちを手放して自由になってよいんだよと、この詩が手を差し伸べてくれたようにも感じられました。

私は『ゲシュタルトの祈り』に出合ったことで、周りの目を気にすることから自由になり、自分以外の他者への過剰な期待という感情を手放して、他者も自分もすべてをそのまま受け入れることの大切さをつかむヒントを教えてもらいました。

他者に期待するからイライラしてしまう

特性のある子を育てていると、周りが羨ましくて仕方なくなるときもあります。なぜ自分だけがこんな罰ゲームみたいな子育て生活を送らなくてはいけないのか、どうしてこんなに毎日謝り続けなくてはいけないのか。私とあのお母さんたちの違いは何だろう。私や息子が何か悪いことでもしたのだろうか。他者と自分を比較する対象にしてしまうと、どんどん自信をなくして落ち込み、そんな自分が嫌で責めたくなるばかりでした。

でも、くらべてどうにかなるわけではないのです。母親としての私も、息子としての幹之佑も、誰かと比較するために存在するわけでもないし、自分以外の誰かのために存在するわけではないからです。

何かを頑張ったときに望む結果となってもよいし、望まない結果であってもそれもよいんだ、どちらに転んでも落ち込む必要なんてないんだよ、そんなふうにフレデリック・S・パールズが私に語り掛けてくれているかのように思うのです。

人は、勝手に他人に期待して、その通りにならないと、その他人を攻撃することもあります。私も、夫や息子、下の子に対して、こうあってほしい、こうしてほしいと期待して、望み通りにならないと裏切られたと思い、イライラしてしまいます。そんなときは、『ゲシュタルトの祈り』を思い出します。

人は自分自身のために生きることができるようになって、そこからはじめて他者のために生きることができるのかもしれません。

もし、今人間関係に苦しんでいる方がいらしたら、ぜひこの詩をプレゼントしたいです。息子が工藤先生から教わった「自律」とは、個人が自分らしく生きるという民主主義が土台にある考え方だからです。
誰かの期待ではなく自分のために生きることの大切さをこの詩から感じていただきたいです。

幹之佑VOICE 自分は自分

おふくろからこの詩を教えてもらったとき、工藤先生の考え方と同じだと感じました。かつての僕は他人のせいにして責任逃れをしていましたが、工藤先生と出会ったことで自分の言動に責任を感じるようになり、周囲の意見だけで決断しないようにもなりました。「みんな仲良く」から解放されるためにゲシュタルトの祈りはとても効果的ではないかと考えます。

ヒント55

どうしようもなくつらいときは、とにかく寝る

寝るのはこの世の極楽だ

この本を手にとってくださった方の中には、今とても大変な時期を過ごしている方もいらっしゃると思います。つらくてつらくて、お子さんのために何か役立つ情報がないか、そんな気持ちでお手にとられている方に私が一番つらかったとき、前項で述べた笑いも通用しないようなどうしようもないときの乗り切り方をお伝えしたいと思います。

それは、「悩まず、寝る」。以上です。

「寝るのはこの世の極楽だ」という言葉は、2022年1月に104歳で大往生した私の祖母の言葉です。祖父が愛人と失踪したことで、祖母は周りから同情されていましたが、祖母をよく知る家族からは「ふて寝の女王」という異名をつけられていました。

祖父のことで気に入らないとふて寝をする祖母でしたが、寝ているときは現実の嫌なことを忘れられたのでしょう。元気で長生きの秘訣は睡眠だったようです。

野生動物が傷つくと、ひたすら寝床でじっとするらしいです。何も食べずに、ただ回復を待つのです。人間も同じだと思います。どんな治療や薬、カウンセリングを施されたとしても、寝ることができなければ回復できません。

息子が大変なとき、悩んで悩んで夜眠れませんでした。息子が寝たあとも、本やネットを読み漁り、涙を流してまた悩みました。

そこまで悩んでも、根本的な解決にはいたりませんでした。よさそうだな、何か試してみようかという方法は見つかります。でも、慢性的な睡眠不足で身体は重いし、気持ちは滅入るし、息子のちょっとした言動にイライラして、どうして私ばかりがこんなにつらい思いをしなくてはいけないのだと、息子や夫、自分を責めたくなりました。

息子が小さいときは限界になると、部屋の窓のカギなどをチェックし、危ないものをすべて片付けて、息子の好きなテレビをつけ、息子の食べ物を置いて、一時間だけタイマーをかけて泥のように眠りました。最初は息子の襲撃にあいましたが、一度大泣きしながら「もう、ママだって限界だよおおお！」と、息子がメルトダウンを起こしたときのように床にひっくり返って泣いたら、私の様子に息子も驚いて、以降はママも大変なんだと察したようで、限界のときだけはそっとしておいてくれるようになりました。

ほんの少しの時間なので慢性的な疲れはとれませんでしたが、それでも最悪の精神状態だけは回避できました。眠る前は親子で死のうと思うくらいの精神状態でも、多少眠って起きると泣くほどつらいという気持ちからは脱出できます。

それに、寝るのはお金がかかりません。マッサージなど、他でリラックスを求めようとするのは、お金も出かける時間も必要ですが、寝るのはタダですぐできるので誰にでもおすすめです。

配偶者の理解がないと悩んでいらっしゃる方もいると思いますが、体調が悪いときは離婚覚悟でお子さんを預けて（押し付けて）休むくらいの気持ちでもよいと思います。

今回、この本を書くプレッシャーから、風邪をこじらせ体調を大きく崩してしまった時期があります。漢方医である香杏舎銀座クリニックの日笠穣先生に診ていただいたところ「かなり弱っているから、とにかく休まないとだめだよ。ご家族に察してもらおうなんて考えず、仮病を使ってでも限界になる前に休みなさい」と言われて反省しました。先生のおっしゃる通りだと思います。つらいときは、はっきり周囲に伝えて休まないといけません。

こんなふうにお医者さんに言われたよ、と伝えると夫も息子も娘も元気のない私を心配して、この時期はとても大事にしてくれました（治ったら、また元通りの接し方ですけどね）。

私の知り合いの方の中には、頼るところがないため、子育てが限界のときに児童相談所に連絡をして、一時的にお子さんを預けたという方もいらっしゃいます。他の人から見たら、驚かれるかもしれませんが、つらいかどうかは自分にしか分かりません。

特性のある子どもとの日々は本当に大変です。つらすぎると子どもを可愛いと思えないときもあります。私は思ってしまうことを自分に禁じる必要はないと思います。けれども思ったことをそのまま子どもに伝えるか、態度に出すかどうかは親の私たちが選べるのです。だから、そこまで自分を追い詰めないように、どうせ誰も分かってくれないと最初から諦めずに伝えたり、気付いてもらえるまで「助けて！」と大騒ぎしたりしたってよいと思います。周りに迷惑な人だな、面倒な人だと思われてもよいのです。世間体を気にして子どもを置き去りにして悲しい事故が起きたり、自殺したり子どもを精神的・肉体的に殺したりするよりはずっとずっとたいしたことじゃないのですから。

元気になったら、少しずつ自分を大切にする時間を増やすのもよいと思います。そして、好きなことをあきらめずに、大事にしたいです。

私はつらくても、身だしなみだけは大切にしていました。私にとっては、自分を大切にして、生きる力を得るために必要な行為だったからです。そこが、逆に周りからは真剣に子育てしていないように見えたこともあったようです。意地悪な人から、化粧をしたりお洒落をしたりする時間があるならもっと子どもの面倒を見たらよいのに、と陰口を言われたこともありました。

でも、物事の一部分しか見ていない人には分からなくてよいと思います。頑張れる理由は人それぞれなのですから。自分の好きなこと、大切なものを、特性のある子の子育てと引き換えにしなくてよいと思います。「あなたのせいで私は不幸になった」なんて言葉を将来言いたくなるような生き方を、子どもは親に望んでいませんから。

とにかく、休みましょう。寝ましょう。子育てを頑張るのは、それからで充分間に合います！

幹之佑VOICE

僕もつらいときはとにかく休みました。寝ました。僕たち子どもが求めているのは完璧な親じゃありません。ダメなところも、弱いところも自分より人生の先を生きる親の色々な姿を見たいです。凸凹な僕たちには凸凹のお手本が必要なのです。そして、時々僕の言葉やちょっとした言動に笑顔を見せてくれたり、もし僕によいことがあったとき、一緒に喜んでくれたりしたら最高です。

日本中にいる僕のおやじとおふくろたちへ。身体に気をつけて、長生きしてください。おやじとおふくろが長生きして、今度は僕が二人の好きな話をたくさん聞けるようにします。

長めのあとがき

発達に凸凹のある子どもの育て方は、とにかく得意な部分を伸ばしましょう、とよく言われます。息子は小さい頃から社会科が得意です。地理、歴史、政治、経済、時事問題、どこからこの知識を得てくるのだろうかと私が舌を巻くくらい知識欲がある子でした。

好きなことは掘り下げて、どこまでも知識を探求します。

ですが、息子の小学校、中学校、高校の社会科の成績はあまりよくありませんでした。なぜなら、答案用紙には手書きで答えを書く必要があり、漢字を間違えるとすべて不正解になりますし、宿題などの提出物は忘れることが多く、授業態度もよくないからです。

模試などのマークシート形式になると非常に高い得点が出ます。誰にも負けないくらい理解していて、答えも分かっているのに書字障がいで×にされる。息子は非常に理不尽な思いをずっと抱え続けてきましたが、今の学校教育ではこれが限界です。世の中は圧倒的に定形発達のお子さんに有利な教育となっています。

そんな思いを抱えながら学校生活を送る息子に、得意なところを伸ばそうね、なんて親が言っても慰めにもなりませんでした。環境が変わらない限り、特性のある子どもたちが本当の意味で救われることはありません。

息子の苦しさ、葛藤を常に見てきた18年間は、どうしたら息子が自信をもって生きることができるだろうかとひたすら考える日々でした。得意なことを伸ばしましょうと言われても、この広い世界では自分の好きなことや得意なことをいかした仕事に就ける人のほうが圧倒的に少ないです。

そんな私の悩みを、息子は吹き飛ばしてくれました。

自分の特性と向き合った18年間を本にまとめることで、「よわみ」を「つよみ」に変えたのです。

息子が本を出したいと言ったとき、勉強が得意なわけでも、突出した特技があるわけでもない無名の高校生（当時）の本など読む人なんていない、出せるわけがないと内心では思っていました。しかし、それは私の思い込みでした。

人が生きる上で武器になるのは、「つよみ」だけでないことを息子は身をもって教えてくれました。特性があること、そのこと自体が一番の「得意分野」になるとは、母である私にはまったく思いつけないことでした。

自分が一番苦手だったことから逃げずに、一生懸命向き合ったことで、誰かの役に立つようになるなんて、わが息子ながらなんて素敵なことだと思います。

今、海外で「IKIGAI」（生きがい）という言葉が人気だそうです。「好きなこと」「得意なこと」で「たべていけること」で「需要があること」が「生きがい」である、というチャートが世界中でシェアされています。息子にとっての生きがいが「特性のある自分そのもの」となり、小さなことで構わないので、自分でできることを見つけて積みあげていってもらえれば、母として本当に嬉しいです。

＊＊＊

自分でできることをする、というと、私は母方の伯父のことを思い出します。私の母は難産体質で、兄の出産のときも出血が酷く、危うく一命を落とすところだったそうです。そのため、産婦人科のお医者さんには、お産が向いていないから二人目は諦めたほうがよいと言われていたそうです。

そんなある日、私を妊娠していることが分かります。幼い兄を残して母親が亡くなることは気の毒だと、産婦人科のお医者さんに言われ、親族の皆からも出産をあきらめるように言われたそうです。

でも、母はどうしても私を産むことを諦めたくない、万が一のときは自らの命よりも赤ちゃんを助けてほしいと言って、決意は揺るがなかったといいます。

周りが困り果てている中、たった一人、伯父（母の兄）が、家から歩いて20分ほどかかる法華宗の総本山である本成寺の中にある鬼子母神様に早朝に出かけ、お百度参りをしてくれたと聞きました。

お百度参りとは、時代劇でしか見たことがない人のほうが多いと思います。伯父は社寺の入り口から本堂までいって参拝し、また入り口に戻るということを百回、百日、誰もまだいない早朝に、はだしでおこなったそうです。伯父の必死な願いが天に通じたのでしょう。難産ではありましたが、母を失うという最悪の事態は避けられ、私は無事にこの世に生まれることができました。

お百度参りをしてくれた伯父には、知的障がいがありました。赤ちゃんの頃に、高熱が何日も続き、脳に障がいが残ってしまったのです。祖父母はこのことにとても心を痛め、母をはじめとした子どもたちに頼むと常に言い続けてきました。

母たち兄弟にとって、伯父のことは重荷になることもあったと思います。当事者でなければ分からない大変さがあったはずです。

けれども、小さな私から見た、祖父母の家はとても幸せな空気にあふれていました。愛情にあふれ、互いを思いやるやさしさにあふれており、親が忙しくて預けられていた私たち孫たちも、祖父母や伯父母の愛情をたくさん受けて、究極にインクルーシブな環境で育ちました。伯父に障がいがあるとかそんなことは私たち子どもにとっては大した問題ではありませんでした。伯父は、母が命がけで出産をすると決めたときに自分でできることは何だろうと考え、精一杯の行動をしてくれたのだと思います。人それぞれ得意・不得意はありますが、自分以外の人を思いやり、自分が出来る努力を惜しまない伯父を心から尊敬します。

もうこの世にはいない伯父のことを思い出すと、いつも感謝の気持ちで胸がいっぱいになり涙が出ます。母も大変だったと思いますが、私にとって最高に自慢の伯父です。

＊＊＊

出会いの力とは本当に素晴らしいものです。私という人格が数多くの素晴らしい出会いによって形作られたように、息子の人格も私たち親の影響以上に多くの素晴らしい恩人といえる方々との出会いの中で形作られています。これからも多くの方々との出会いにより、息子はさらに成長し続けることでしょう。

息子が小さな頃、一緒に手をつないで歩くことが夢でした。私に笑いかけ、おしゃべりをたくさん聞かせてくれ、ママ大好き！　と抱きついてくれることが夢でした。出かけた帰り道にどこかのカフェに寄り道したり、夕ご飯何にしようか、なんてどうでもよい会話をしたりしながら歩くことが夢でした。

周りを見て、成長しない息子に焦るばかり、希望なんてないと絶望していましたが、息子は成長して、今になって周回遅れで、そんな夢をかなえてくれました（息子が手をつなぐのは、私とではなく、祖母である私の母とですが）。

昔、私が母の看病を優先して大学受験を遅らせたいと伝えたとき、父が言ってくれた言葉は「2年遅れて生まれたと思えば、たいした問題じゃないよ」というものでしたが、息子を育てているときも、母からは「成長を信じて待つのも親の仕事だよ」と何度も言われたものです。

子どもがもつ成長しようとする力を信じること、環境を整えて待つことが親の大切な役割なのだと、両親からは行動で教えてもらいました。両親の生き方は私にとって最高のお手本です。

一時は子育てが大変過ぎて永遠に続くように感じられましたが、過ぎてみれば20年間などあっと言う間でした。無我夢中過ぎたから、ということもありますが、母として頑張った気持ち以上に、息子が頑張ってくれたことに、夫の支えと、娘の存在に、心からの感謝の気持ちを贈りたいです。もし生まれ変わりがあるならば、同じくこのメンバーで家族になることを希望します。

最後までお読みくださった皆様に心より感謝を申し上げます。息子が著書で使った言葉を借りるのですが、本書を通じて何か一つでも「おみやげ」を、読者の方にお渡しできたら幸いです。

２０２３年１月
家族のあたたかさが一層感じられる大寒波の東京にて　皆さまの幸せを心から祈って

西川裕子

謝辞

最後に、息子の著書にならい、これまで支えてくださった方々に心からの感謝を申し上げます。

息子の特性を問題視することなく分け隔てなく接してくださり、本人の変えたい、変わりたいという気持ちをあらゆる面で支えてくださっただけでなく、卒業後も励ましてくださる工藤勇一先生に。

息子の魅力を見出してくださり、人生の幅を広げてくださった時事通信出版局の大久保昌彦さん。大久保さんには、偉そうに書ける資格なんてないのではと何度も悩みを打ち明け、執筆作業は難産の連続でしたが、最後まで見捨てずに並走してくださり感謝しています。

息子の著書に続けて、本書をデザインしてくださったデザイナーの大崎奏矢さんと、本書に関わってくださった時事通信出版局の皆さん。

保育園の阿部先生、みどり先生には息子が一番大変な時期にお世話になりました。みどり先生は、集団にいられずいつも脱走した先の園庭で一人で遊ぶ幹之佑に付き添ってくださいました。卒園したあとも気にかけ、小学1年生の運動会の時には足をお運びくださいました。「成長しましたね。幹之佑くんはもう安心ね」と嬉しそうにお声がけくださったことが忘れられません。

児童・家庭支援センターのさくら館の皆様、千代田小の淺川校長先生、寺田校長先生、豊田副校長先生、大久保先生、田村先生、中村先生、白波瀬先生、森先生、森脇先生、小口先生、千堂先生、上田先生、石川先生、老川先生、宅間先生、古野先生、山口さん、スクールサポーターの進藤先生、千代田小の先生にはすべての皆様からお世話になったといっても過言ではありません。

麹町中学校の宮森巌副校長先生、柿崎先生、深代先生、戸栗先生、斎藤先生、大森先生、加藤先生、近藤先生、新橋先生、鶴指先生、浜田先生をはじめとする、たくさんの先生に大変お世話になりました。用務員の杉山さんをはじめ、学校全体で見守っていただきました。

帝京ロンドン学園の魚山秀介先生、久保先生、リチャード先生、乳井先生、遠藤先生、谷地舘先生、マイナ先生、青山先生、清木先生、栗木先生、三谷先生、寮監の岩泉さん、山口さん、平田さん、寮生活という慣れない環境の中、傍にいない私たち保護者の代わりに息子をサポートしてくださり、高校留学をやり遂げた自信を持たせてくださったことに心より感謝申し上げます。

特に、魚山先生には大学入学後も何かと息子を気にかけてくださり、帝京大学教職大学院主催の教職フォーラムという大舞台という貴重な場をお与えくださいました。変人の夫と息子の言動に接しても全く動じないご様子の魚山先生のお人柄にいつも頭が下がります。

帝京大学の柿崎先生、金森先生、帝京大学教職大学院の坂本先生、及川先生、爲川先生、前島先生、石川先生、横井先生。キャリアサポートセンターの阿南様。柿崎明二先生は、ゼミでお世話になっているだけでなく、ジャーナリストと首相補佐官というご経歴から、特性のあるお子さんが生きやすい様々な環境づくりをすすめたいという息子の考えに共感してくださり、様々な面で応援してくださり、感謝しています。

同じく帝京大の金森克浩先生におかれましても、発刊後すぐにご連絡をくださり、特別支援教育士資格認定協会様の月刊誌である『LD ADHD&ASD』誌のエッセイの執筆者として息子を推薦していただきました。大きなチャンスをお与えくださり感謝申し上げます。

逓信病院の鈴木先生、小野先生、柿沼先生、あいクリニックの西松能子先生。日本歯科大附属病院の山崎先生。山階彌右衛門先生、奥様の美貴子様、赤松様、パトリシア先生、太田先生、星槎教育研究所の高田先生、日本空手道松濤會の「ぶらり庵」の先生方。どこからも断られた息子のカットを笑顔でしてくださったよっしーお兄さん、菊丸さん。ハンプトンスクールの皆様。発刊後、息子の応援団として多大なご支援をいただいている、さくらんぼ教室の伊庭先生、松香フォニックスの皆様。三條新聞様をはじめ、息子に取材をしてくださったメディア関係者の皆様、息子の本に感想をお寄せくださった皆さま。

息子の保育園、小学校、中学校、高校の同窓生の皆さん、保護者の皆様。迷惑をかけまくる私たち親子を排除することなく、見守ってくださいました。一緒に机を並ばせてもらえたことに感謝しています。

20年以上を家族として共に歩んできた西川の義兄と義妹、西川の父方母方の親族の皆様に。

私をこの世に生み育て、常に応援し、見守ってくれた両親に、世界一の自慢の兄と義姉に、叔母になる喜びを教えてくれた甥家族と姪家族に、親がわりとして兄弟のように接してくださった父方母方の親族の皆様、実家の会社の皆様、恩師である今は亡き原通郷先生と石澤良太郎先生。友達の良さを教えてくれた敬和学園の友人達。夫の父のような存在であり、最大の理解者である佐多様。アンディ、奈美ちゃん、リックさん、ロビンさん。ヘズースさん、ティナさん。走りまわる幹之佑をあたたかく見守ってくれた18年来のママ友のちいこさん、美佐さん。マンションのフロントの皆様、ご近所の皆様。娘のつながりで親しくさせていただいている皆さま。

そして、かけがえのない大切な存在である夫と幹之佑、娘に。

毎日飯田橋の保線区の脇で電車を眺める息子に都電最中の箱をくださった保線職員の方、早退させられ一人きりで誰もいない公園で遊ぶ息子の手に小さなミニカーを握らせて「偉い子にはご褒美だ」と声をかけて去った方、電車のことを夢中で話し続ける息子と手をつないで信号待ちをしていると「知らないおじさんがくれたよ」と気づいたら500円玉を握っており、驚いてお礼を言おうとしたらもう立ち去られた後だったり、万世橋警察署の白バイ隊員の方がじっと見つめる息子に「見たいの？　いいよ」と、白バイを触らせてくださったりと、思えば私たち親子の子育ての日々は、お名前を存じ上げない方からのふとした優しさに救われてきた日々でもありました。

息子の笑顔は、皆さまからいただいた優しさの結晶そのものです。母親である私ひとりができることなど、本当にささやかなものだと痛感します。私たち家族に関わってくださるすべての皆さまに心より感謝をこめて、ありがとうございました。

西川 裕子 にしかわ・ひろこ

新潟県三条市生まれ。高校3年時に母の看病のため大学受験を断念。母の回復に伴い、東京都内予備校の寮に入りながら受験をする。駒澤大学法学部法律学科卒。夫は渉外弁護士の西川高幹。2002年に長男・幹之佑が誕生。ADHDとASD傾向、LDの特性のある息子の子育てを通じて、元麹町中学校校長・工藤勇一先生やあいクリニック・西松能子先生、帝京大学教授・魚山秀介先生など、数々の貴重な出会いを得て、特性のある子どもへの理解を深める。現在は、発達障がいの子育てに関する講演、メディア出演などもおこなっている。2児の母。

西川 幹之佑 にしかわ・みきのすけ

2002年、新潟県三条市生まれ、東京育ち。幼稚園中退。千代田区立麹町中学校、英国・帝京ロンドン学園卒。2023年現在、帝京大学法学部政治学科在籍中。高祖父は帝大卒の林業学者で測機舎の創業者である西川末三、高祖母はロシア文学の翻訳と社会運動家として有名な神川松子。高祖父から4代続けて東大卒の家系に生まれ、周囲から東大入学が当然と期待されるもADHDとASD傾向、LDのため小学校2年生まで特別支援学級に在籍。その後通常学級に転籍したものの学習面・社会面で壁にぶつかり、生きる意義を見失い小学校3年生で死を考えはじめる。小学校卒業後、当時麹町中学校校長であった工藤勇一先生に出会い、「自律」という考え方を学び人生が一変する。自分のように苦しむ発達障がい児の役に立ちたいと考え、2022年2月に『死にたかった発達障がい児の僕が自己変革できた理由―麹町中学校で工藤勇一先生から学んだこと』(時事通信社)を上梓。

発達障がいのわが子が笑顔で自律する育て方
特性とともにしあわせになる55のヒント

2023年4月 6 日 初 版 発 行
2023年4月28日 第2刷発行

著者　西川 裕子・西川 幹之佑
発行者　花野井 道郎
発行所　株式会社時事通信出版局
発売　株式会社時事通信社
〒104-8178　東京都中央区銀座5-15-8
電話03(5565)2155 http://book.jiji.com
装丁　大﨑 奏矢
印刷・製本　中央精版印刷株式会社
編集　大久保 昌彦

ISBN978-4-7887-1873-9 Printed in Japan

『死にたかった発達障がい児の僕が
自己変革できた理由－麹町中学校で
工藤勇一先生から学んだこと』

西川幹之佑・著／四六版／266頁
本体1,600円(税別)